KB250787

경제를 읽으면
비즈니스가 즐겁다

경제의 원리를 터득하고 그에 걸맞는
비전과 전략을 갖춘 자만이 시대의 흐름을 읽어
자신의 비즈니스를 주도할 수 있다

경제를 읽으면 비즈니스가 즐겁다

이영권 박사의 불황 극복을 위한 새로운 제안!
경제에 대한 미래전략과 비전으로
경제전쟁에서 승리하라!

님께

실천하는 삶을 위하여

드림

경영 · 경제를 잘 이해하는 사람이 성공 확률이 높다

　누구나 21세기 경제전쟁시대에 성공하기 위해서는 자기 사업을 하든 직장 생활을 하든지 간에 반드시 경영과 경제에 대한 이해가 있어야 한다.

　작은 구멍가게나 식당을 하더라도 원재료를 구매하고 가공하고 판매하는 모든 과정이 결국 경영 그 자체이기 때문이다. 따라서 경영에 대해서 얼마나 잘 이해하고 경영기법을 활용하느냐에 따라 경영 성과가 달라질 수 있다는 것은 너무나 당연한 이야기이다.

　필자는 주변 사람들에게 기회가 있을 때마다 경영에 관한 서적을 읽도록 권하고 있다. 요즈음에는 만화로 된 서적도 많이 있어 경영학을 전공하지 않았거나 공부를 많이 하지 않은 사람들도 쉽게 접할 수 있기 때문이다.

경영에 대해 확실하게 이해하면 어떻게 하면 보다 효율적으로 구매를 하고 재고를 관리하며 마케팅에 임하고 홍보를 하고 직원을 관리하는지에 대해서도 알 수 있다. 그리고 이러한 자기 나름의 지식은 경영학 지식과 비교, 검토하여 자신에게 맞는 독특한 경영기법을 개발하는 데 밑거름이 된다.

조그만 가게를 하다가 장사가 잘 되어 크게 확장을 한 후에 장사가 잘 안되어 문을 닫는 경우를 주변에서 많이 보게 된다. 이러한 경우 경영학에 대한 연구를 조금만 더 했더라면 실패하지 않았을 것이다.

자기의 능력이나 지식을 벗어나는 사업은 실패 확률이 높다. 이럴 때 우리가 할 수 있는 것이 바로 경영사례에 대한 공부를 통한 경영학 연구이다. 이러한 연구를 통해 우리는 실패의 늪을 미리 보거나 피해갈 수 있는 지혜를 얻을 수 있기 때문이다.

그리고 경영의 바탕을 이루고 있는 것이 바로 경제이기 때문에 자신의 사업을 성공적으로 운영하기 위해서 틈틈이 경제에 대한 이해의 폭을 넓히려는 노력도 해야 한다. 자기가 하고 있는 사업의 현황을 인식하고 미래를 전망하려면 경제의 흐름을 알아야 하기 때문이다.

경제는 우리 생활에서 결코 떼어놓을 수 없는 아주 중요한 요소이다. 한국 경제의 현황은 어떠하며 미래는 어떠할 것인가를 이해하는 사람이 그렇지 못한 사람보다 성공 확률이 높다는 데 이의를 제기하는 사람은 없을 것이다.

한국 경제에 대한 이해를 높이기 위해서 경제방송을 꾸준히 청취하거나 경제신문을 하나 정도 구독하는 것이 좋을 것이다. 경제 용어에 대한 거부감을 가지고 있는 사람들은 쉽게 풀어 쓴 경제 관련 서적도 있으니 가까이 하는 노력을 하는 것이 바람직하다고 할 수 있다.

한국 경제는 해외 의존형 경제이다. 한국 경제의 70% 이상은 늘 세계 경제에 의존하고 있기 때문에 세계 경제의 움직임이 우리에게 직접적인 영향을 준다. 이는 마치 논농사를 짓는 사람이 자신의 논에 댈 물의 70%는 반드시 다른 저수지에서 끌어와야 하는 것과 같기 때문에 한국 경제를 잘 이해하기 위해서는 세계 경제를 우선적으로 이해하는 노력이 필요하다.

따라서 성공을 꿈꾸고 있는 사람들은 세계 경제, 한국 경제 그리고 경영에 대한 이해가 자신의 경쟁력을 높이는 데 매우 중요하다는 사실을 인식하고 지금부터라도 노력해야 할 것이다.

경영·경제를 깊이 이해하는 사람이 21세기 경제전쟁시대에 주인공이 될 것이라고 필자는 굳게 믿는다.

제 2 장

경 영 을
아 는 자 가
자 신 을
잘 경 영 한 다

제 1 장

경제를 알면 성공이 보인다

작은 것이 아름답다

독일 출신으로 영국에서 활동한 경제학자 E.F.슈마허(1911~1978)는 세계적인 베스트셀러가 된 그의 저서 『작은 것이 아름답다』에서 작은 것의 효율성을 강조했다.

규모가 거대해지면 유연성이 줄어들고 사회 구성원의 필요와 요구에 둔감해지는 반면, 작은 것은 자유롭고 창조적이며 효과적이라는 그의 논리는 상당한 설득력이 있다.

세계에서 작은 것을 가장 잘 선호하며 활용하는 사람들은 일본인과 유럽인이라고 할 수 있다. 그것은 그들이 살고 있는 땅이 작아서이기도 하겠지만 생활방식을 꾸준하게 개선해온 결과가 아닌가 한다.

처음 일본을 방문하는 사람들은 일본인이 살고 있는 집을 보면 놀라게 된다. 중산층 사람들이 살고 있는 집의 크기가 우리나라로 치면 20평 내외에 해당되기 때문이다.

그런 나라에 비하면 우리나라 사람들은 통이 큰 것 같다. 별로 가진 것도 없는 나라 국민이 말이다.

중요한 것은 크기가 아니라 얼마나 적절하느냐라고 본다.

주변에서 자주 볼 수 있는 것 중의 하나가 큰 자동차를 소유하려는 욕심이다. 자기의 소득이나 주변 환경에 맞지 않는 차를 소유하는 것은 그만큼 부담스러운 일이다. 그런데도 불구하고 많은 사람들이 큰 자동차를 소유하려고 무리를 하는 것은 사회에서 그들을 바라보는 시각이 다를 뿐만 아니라 자신의 과시욕 때문인데, 이것은 국가적으로 무척 큰 손실이다.

유럽인들의 경우 소형차의 소유율이 82%인데 반해 우리나라 사람의 소형차 소유율은 매우 낮은 것이 현실이며 소형차를 타고 다니면 불리하게 취급받는 것 또한 사실이다.

파리나 런던 등 인구밀도가 높고 도로 사정이 좋지 않은 유럽의 도시에서 작고 콤팩트하게 살아가는 것이 불가피한 선택일 수 있지만 이들의 콤팩트한 라이프스타일은 우리가 배워야할 대목이라고 할 수 있다.

일본도 콤팩트한 라이프스타일이 주를 이루고 있는 것을 보면 일본보다 인구밀도가 낮지 않은 우리나라에서 집과 자동차가 큰 것은 무언가 잘못된 현상이 아닌가 싶다.

크다고 좋은 것은 아니다. 작다고 약한 것도 아니다. 중요한 것은 얼마나 충실한 삶을 살고 있느냐이다.

우리가 진정으로 선진국, 잘 사는 나라로 가기 위해서는 일본이나 유럽 선진국의 라이프스타일을 배워야 할 것이다.

필자는 우리나라 국민들의 큰 차에 대한 선호도도 10~20년 이내에 크게 바뀔 것으로 본다. 지금은 마이카 1세대이기 때문에 자동차에 대한 애착이나 시각이 선진국과 다를 수 있기 때문이다. 시간이 흘러 소득이 높아지고 자동차 문화에 누구나 익숙해지면 자연스럽게 실용적인 생활로 돌아올 것이라고 생각한다.

작지만 강한 나라를 만들어야 하는 우리나라의 경우 '작은 것이 아름답다'라는 슬로건은 더욱 강조되어야 할 것이다.

성장이 우선인가, 분배가 우선인가?

요즈음 지속적으로 나오는 이야기가 우리 경제를 성장과 분배 둘 중에서 어느 쪽을 더 강조할 것이냐이다.

참여정부가 출범하면서 성장보다는 분배 쪽에 더 비중을 두겠다고 했으나 1년이 지나면서 정부가 한 걸음 물러서는 듯한 모습을 보이고 있는 것 같다.

성장이 먼저냐 분배가 우선이냐 하는 문제는 균형감각을 가지고 보아야만 하는 아주 중요한 사안이라고 할 수 있다.

분배 이전에 분배할 경제적 산물이 없다면 분배를 할 것도 없다는 것은 누구나 안다. 그동안 우리 경제가 많은 성장을 해오면서 제법 쌓인 부의 축적을 보고 많은 사람들이 그 쌓인 부를 이제는 지혜롭게 나누자고 하는 것이 분배를 주장하는 배경이다. 반면에 아직은 성장을 더해야만 우리 경제가 안전하게 항해할 수 있게 되고 그때 가서 분배를 더 효율적으로 할 수 있을 것이라고 주장하는 것이 성장우선주의 사고이다.

과연 우리는 지금 어느 쪽에 더 신경을 써야 할 것인가?

이렇게 나라의 문제가 늘 다른 시각에서 많은 이해당사자 간에 얽혀 있을 때는 가정의 일로 생각해보면 의외로 쉽게 정리될 수 있다.

가족 모두가 합심해서 일구고 있는 가업이 제법 번성하자 가족들이 이제 번 돈을 나누어 가지려고 할 때 어떻게 해야 자신들에게 더 많은 이익이 될 것인지를 계산해보면 될 것이다. 즉, 지금까지 번 돈을 나누어 가지는 것이 나을 것인가, 조금 더 허리띠를 졸라매고 부를 크게 해서 보다 큰 부의 분배를 가족들에게 할 것인가의 문제라고 할 수 있다. 이럴 때는 가족들이 모여서 부모를 중심으로 가족 상호간에 허심탄회한 대화가 이루어질 때 그 합의점을 찾게 될 것이다.

국가도 마찬가지이다. 대통령을 중심으로 어떤 정책을 선택하는 것이 우리 경제를 위해서 더 나은 것인가를 연구, 검토하여야 할 것이다. 이때 주의할 것은 역시 많은 사람들의 의견을 청취하고 다른 국가의 사례를 분석하여 당장의 안위를 위해서가 아니라 한국의 미래를 위하여 더 나은 방법을 찾는 것이다.

중요한 것은 우리나라의 경제 상황을 정확하게 인식하고 미래를 위한 판단을 내리는 것이다.

10만원권 지폐 정말 필요할까?

최근 들어서 한국은행을 중심으로 새로운 지폐 발행에 대한 필요성이 강력하게 제기되고 있다. 이르면 10만원권 지폐가 등장할 것으로 보인다

요즈음 이와 같이 새로운 지폐의 발행이 현실화되고 있는 배경은 고액권의 필요성이 크기 때문이다. 우리 경제 규모가 과거에 비해서 엄청 빠른 속도로 커져서 1973년에 1만원권이 발행된 후에 우리 경제는 무려 100배 이상 커졌다. 물가도 10배 이상이 오른 상태이다.

따라서 30년 전의 1만원권에 맞추기 위해서는 지금 10만원권의 화폐가 필요하다는 것이다. 또한 이러한 고액권이 없기 때문에 자기앞 수표가 대신 쓰이는데 자기앞 수표의 이용이 많아져 1년에 6,000억 원 정도의 경제적 부담이 늘어난다는 것이다.

하지만 한편에서는 고액권 발행을 반대하는 목소리도 높다. 고액권이 발행되면 뇌물 제공이 더 쉬워질 것이라는 우려 때문

간이과세자

사업의 규모가 영세한 사업자는 세법 지식이나 계산 능력 면에서 요구에 부응하기가 사실상 어렵다. 따라서 사업 규모가 영세하고 기장 능력이 없는 사업자들에게 납세의무 이행에 편의를 도모하고 정부 행정의 능률화를 위해서 간이과세제도라는 간편한 방법으로 납세의무를 이행할 수 있도록 하고 있다. 현재 직전 1년간의 매출액이 4천8백만 원에 미달하는 개인사업자에게 적용하고 있다.

이다.

　고액권과 신권 발행은 재경부의 승인을 거쳐 금융통화위원회가 결정하도록 되어 있다. 그런데 화폐를 도안하고 고액권과 신권을 인식할 수 있는 현금인출기와 컴퓨터 회계프로그램 등을 고치는 데 최소한 2년 이상이 걸리므로 고액원 발행이 결정된다고 해도 2007년부터 가능할 것으로 보인다.

　화폐는 그 국가의 경제적 상황이 반영되어 발행되는 아주 중요한 경제 수단이다. 우리 경제 규모가 많이 커진 것에 맞게 화폐가 조정되어야 한다는 데는 이론의 여지가 없을 것 같다.

　한편 디노미네이션 문제는 더욱 조심스럽게 접근해야 한다고 생각한다. 물론 세계 각국의 화폐와 비교해볼 때 원/달러 환율이 1200원대에 이르는 중진국이 거의 없다는 사실을 감안하면 경제구조의 확장에 따라 그 필요성도 논의될 수 있을 것이다. 하지만 디노미네이션을 단행할 경우 물가가 불안해지고 국민들도 상당기간 혼란에 빠질 가능성이 있다는 점을 감안하여 아주 신중하게 결정해야 할 것이다.

　따라서 필자의 생각으로는 우선 고액권을 발행하여 당분간 쓰고 한국경제가 완전하게 안정기에 들어설 것으로 예상되는 3~4년 후에 필요하다면 디노미네이션을 고려해보는 것이 순리가 아닐까 싶다.

고액권이 발행되면 일부에서 제기되고 있는 뇌물 제공의 수단으로 사용될 수도 있을 것이다. 하지만 '구더기 무서워서 장을 담그지 못하는 우'를 범해서는 안된다.

기간손익 계산에 반영될 수 없는 거래로서 손익거래에 대비되는 개념이다. 이는 본래 자본의 납입이나 환급 등 납입자본금의 증감 요인이 되는 거래와 잉여금의 처분을 말한다.

한국 'e비즈니스 마인드' 세계 1위

지난 2월 17일 산업자원부가 입수한 영국 통상산업부의 '2003 국제벤치마킹 스터디' 보고서에 따르면, 우리나라는 미국, 일본, 영국, 프랑스, 독일 등 11개 조사 대상국 중에서 'e비즈니스 마인드' 부문에서 1위에 올랐다.

우리나라 e비즈니스 마인드가 세계 1위이며 전체적인 정보통신 신기술 활용 수준은 세계 6위인 것으로 조사됐다.

e비즈니스 마인드는 정보통신 기술(ICT)의 발전에 따른 사업 환경변화 적응도를 나타내는 것으로, 우리나라에 이어 아일랜드, 독일, 캐나다 및 미국이 2~4위에 랭크되었다.

21세기는 인터넷 혁명시대라고 일컬어지고 있다. 인터넷이 우리 생활 깊숙이 뿌리를 내리고 있는 시대라는 뜻이다. 이러한 시대의 경쟁력은 당연히 인터넷에 대한 환경과 인터넷을 잘 활용하는 능력에 의해서 좌우된다.

석기시대에는 돌을 잘 다루는 사람이 경쟁력이 있었듯이 인터넷 시대에는 인터넷을 잘 활용하는 사람이 성공 확률이 높은 것이다

국가가 경쟁력을 갖추려면 지하자원이나 인적 자원이 있어야 성공할 수 있다. 이미 아는 바와 같이 우리나라는 지하자원이 전무한 상태이기 때문에 인적 자원의 경쟁력을 제고하는 길만이 잘 사는 국가로 가는 방법이다.

지금까지 세계는 지하자원이 많아야 유리한 게임을 할 수 있었다. 즉 지하자원이 없으면 늘 불리한 게임을 할 수밖에 없었다는 말이다.

하지만 20세기 말부터 세계를 휩쓸고 있는 인터넷 혁명은 지하자원을 가지고 싸우는 게임이 아니라 인적 자원으로 한판 붙어볼 수 있는 게임인 것이다.

이러한 게임의 출연은 우리나라에게는 매우 희망적인 미래를 꿈꿀 수 있도록 하는 변화인 것이다.

1980년대 중반부터 시작이 된 인터넷 혁명. 이 혁명의 주인공이 될 가능성은 인터넷의 인프라 구축과 인적 자원의 마인드 셋팅에 있다고 할 수 있다.

이러한 면에서 한국이 'e비즈니스 마인드' 세계 1위라는 사실은 우리의 가능성을 가늠해볼 수 있는 중요한 잣대라고 할 수 있기 때문에 매우 긍정적인 일이 아닐 수 없다.

요즈음 우리의 아이들이나 젊은이들이 인터넷에 매달려서 게임을 하고 검색을 하는 것을 보면서 많은 사람들이 우려의 눈길을 보내곤 한다. 인터넷 중독에 걸리지 않을까 하는 염려 때문이다. 하지만 인터넷은 그들의 생활이고 경쟁력의 요소이기 때문에 걱정할 일이 아니라고 생각한다.

다만 그들이 접하고 있는 인터넷 세상의 중요한 정보는 90% 이상이 영어로 되어 있기 때문에 영어를 제대로 소화하지 못하는 사람들에게는 늘 '그림의 떡'이 될 수 있다는 것을 이해하고 영어 공부에 박차를 가해달라는 당부를 하고 싶다.

21세기, 세계화시대와 인터넷 혁명시대에 경쟁력의 기초는 영어에 있다고 해도 과언이 아니다.

경제는 선택이다

사람은 수없이 많은 선택을 하게 된다.

무엇을 먹을까? 무엇을 입을까? 어디서 살까? 무슨 일을 할까? 등등.

어떠한 선택을 하든지 간에 반드시 선택하지 않은 다른 것을 생각하게 된다. 그리고 내 선택이 과연 올바른 것이었을까? 하는 의문도 갖기 마련이다.

선택을 할 때 사람들은 즉석에서 기분으로 하는 경우도 있지만 대부분의 경우는 합리적인 판단 기준을 가지고 하게 된다. 자기의 경험과 지식 그리고 다른 사람의 의견과 조언을 얻으면서 늘 새로운 결정을 하는 것이다. 이때 가장 중요한 것이 선택한 나의 의사결정이 경제적으로 이익이었느냐 하는 것이다. 분명 자신의 판단에 의해서 어떤 것을 샀다가 후회하고 돈을 아까워하는 경우를 우리는 많이 겪게 된다. 돌이켜 생각해보니 비경제적이었다고 느끼기 때문이다.

상호출자제한

일정 규모 이상의 자산 총액 등 일정 기준에 해당되어 지정된 기업집단에 속하는 회사는 자기의 주식을 취득 또는 소유하고 있는 계열회사의 주식을 취득 또는 소유할 수 없는 것을 말한다.

우리는 고속도로로 갈까, 국도로 갈까를 결정할 때도 비용과 효율성을 경제적으로 비교해서 선택하게 된다. 고속도로를 이용하게 되면 분명 빠르게 목적지에 갈 수 있다. 그러나 통행료를 내야만 한다. 통행료를 내고 갈 정도로 시간이 소중한 경우는 통행료가 하나도 아깝지 않을 수 있다. 하지만 시간이 많은 사람의 경우 통행료를 내고 목적지에 도달했으나 아무 할 일 없이 다른 사람이 올 때까지 기다리는 것이라면 국도를 이용하는 편이 나을 것이다.

점심을 회사 근처에서 사먹는 것이 나을 것인가, 아니면 가까운 집으로 가서 먹고 올 것인가를 고민하는 것도 마찬가지이다.

같은 돈을 가지고 있다고 하더라도 무엇을 하느냐에 따라 돈의 가치가 달라지기 때문에 누구나 고민을 하게 된다.

재테크를 예로 들어보면 1억의 돈이 있는데 부동산을 사둘 것인지 주식을 살 것인지 아니면 은행에 넣고 이자를 받을 것인지를 결정하는 과정이 모두 경제적인 선택이 되는 것이다.

세상을 살아가면서 경제적 선택을 하지 않는 사람은 아무도 없다. 다만 경제적인 선택을 현명하게 하는 사람이 결국에는 경제적인 이득을 더 많이 가져갈 수 있는 것이다.

경제적인 선택을 할 때 자신이 선택한 것이 잘못되어 다른 것을 선택했을 때보다 손해가 날 수 있거나 상응하는 비용을 지불해야 하는 것을 우리는 기회비용(Opportunity Cost)이라고 한다. 기회비용이 최소화되어 선택한 다른 것이 빛을 발할 때 현명한 소비자나 기업가가 되는 것이다.

가령 100억 원이라는 투자 여력이 있는 기업가가 A라는 사업에 투자할 수도 있고 B라는 사업에 투자할 수도 있을 때 A라는 사업에 투자하기로 결정하게 되면 B라는 곳에 투자해서 벌 수 있는 기회를 상실하게 된다. 그런데 결과적으로 A에 투자한 것이 B에 투자한 것보다 현명한 의사결정이 되었다면 기회비용은 상대적으로 적으나 B에 투자했던 것이 A보다 큰 이익을 내게 되는 경우에는 기회비용이 크게 되는 것이다.

개인도 투자할 여력이 있을 때 어느 곳에 투자할 것인지를 잘 결정해야 한다. 그렇지 않으면 기회비용이 너무 크기 때문이다.

만 원을 가지고 점심식사를 하려고 할 때도 같은 의사결정을 하게 된다. 이렇듯 우리는 늘 경제적인 선택을 하면서 살아가고 있다.

따라서 경제적 선택을 잘 하기 위해서는 무엇보다 경제의 흐름을 잘 알아야 한다.

한국의 노사, 교육경쟁력 이대로 좋은가?

한국의 국가경쟁력이 중국은 물론이고 인도, 말레이시아, 태국에도 밀린다는 스위스 국제경영개발연구소(IMD)의 '2004년 세계경쟁력 보고서'는 아시아의 다른 국가들은 열심히 뛰고 있는데 우리는 뒷걸음질치고 있다는 것을 의미한다.

특히 노사경쟁력이 조사대상 60개국 중 60위이고 대학교육도 그와 다를 것이 없을 정도로 낮게 나타났다.

이와 같은 결과가 우리에게 시사하는 점은 우리의 글로벌 경쟁력을 높이고 기업의 투자를 활성화하기 위해서 노사관계를 재정립하고 학교교육의 질을 높여야만 한다는 것이다.

한 국가의 경쟁력은 크게 두 가지 면에서 제고될 수 있다. 하나가 지하자원의 유무이고, 다른 하나는 인적 자원의 경쟁력이다. 우리나라는 부존자원이 전무한 국가이다. 따라서 이쪽에서 우리의 경쟁력을 제고한다는 것은 불가능하다고 할 수 있으므로 인적 자원의 경쟁력을 기르는 데 힘을 모아야 할 것이다.

인적 자원의 경쟁력은 크게 정치, 교육 그리고 노사관계에서 온다고 할 수 있다. 우리나라 정치경쟁력은 세계에서 50위 밖이며 교육경쟁력도 하위권이고 노사관계경쟁력도 하위권으로 추락하고 있다. 이것들이 2만 달러 시대를 향해 나가겠다는 국가의 목표를 저해하는 요인들이라고 할 수 있다.

정치는 국가의 운명을 바꿀 정도로 중요한 인적 자원의 효율성을 제고하는 행위이다. 정치가 안정이 되어야 경제가 발전할 수 있다는 것은 지극히 당연한 논리이다. 집안에서도 부모님이 화목하게 잘 지내야 자녀들이 편안하게 공부도 하고 성장할 수 있는 것과 같다.

교육은 국민의 미래 경쟁력을 제고하는 가장 소중한 요소이다. 사람의 잠재력을 최대한 발휘할 수 있는 방법인 동시에 경쟁력을 무한하게 키울 수 있는 길이기 때문이다.

노사관계는 국가경제에서 가장 중요한 기업의 안정적인 경쟁력을 위해서 매우 중요한 요소이다. 기업에서 노사관계의 안정 없이는 기업의 발전을 기대할 수 없기 때문이다.

그런데 이렇게 중요한 세 가지 경쟁력 요소가 자꾸 뒷걸음을 치고 있다는 것은 우리 미래에 좋지 않다. 국민 모두 힘을 합쳐 정치와 노사관계 그리고 교육의 경쟁력 제고를 위한 노력을 해야 한다. 그래야 우리나라가 선진국, 강대국이 될 수 있다.

아파트 원가 공개 논쟁

아파트 가격이 급등함에 따라 일부 시민단체를 중심으로 아파트 가격의 원가를 공개하라는 주장이 꾸준히 제기되어왔다.

아파트 가격의 원가를 공개하라는 것은 기본적으로 시장 경제에 맞지 않는 이야기이다.

시장의 가장 중요한 주체는 기업이며 기업의 활동은 시장의 원리에 따르게 되어 있다. 기업이 시장의 원리에 순응하지 못하면 고객들에게 외면당하여 망하게 된다. 반면에 시장에서 사랑받게 되면 더 큰 성장을 하게 되는 것이다.

따라서 시장경제의 기본인 경쟁의 원칙을 준수하고 그러한 여건과 환경을 정부가 만들어주면 되는 것이다. 어떤 때는 시장이 돌아가는 것을 보고 있노라면 짜증이 날 수 있다. 또한 미운 기업도 있을 수 있다. 그러나 조금만 참고 기다리면 자체적으로 시스템이 정리되어 가동되게 되어 있다. 그것이 바로 시장경제의 강점인 것이다.

공시

유가증권 발행회사의 기업 내용을 투자자 등 기업의 이해관계자들에게 공개해 당해기업의 가치를 적정하게 평가할 수 있도록 하는 제도다. 공시에 의해 주요 기업 정보가 공개됨으로써 투자자의 합리적 투자판단이 이루어지고, 유가증권의 원활한 유통과 공정한 거래질서가 확립된다.

공산주의와 자본주의의 근본적인 대결에서 공산주의가 패하고 자본주의가 승리한 이유가 무엇일까? 바로 자본주의는 자체적인 경쟁의 구도 속에서 끝없이 경쟁하면서 자생력을 갖추게 되고 그것이 바로 생산성의 제고로 이어지는 힘이 있기 때문이다.

식당에 가서 음식을 주문하고서 나온 음식을 보며 음식의 원가를 공개하라고 요구한다면 미친 짓으로 비추어질 것이다. 그래서 아무도 원가를 묻지 않는다. 다만 가격이 비싸다고 느끼면 다음부터 그 식당에 가지 않으면 그만인 것이다. 손님들이 가격과 품질에 만족하지 않아 발길을 끊게 되면 자연히 그 식당은 망하게 되는 것이며 망하지 않으려면 스스로 가격을 내리게 될 것이다.

아파트 시장도 마찬가지이다. 가격이 높은데도 사려는 사람이 많다는 것은 그만큼의 가치가 있기 때문이다. 물론 지나치게 거품이 끼는 경우도 있을 것이다. 그러나 일정 시간이 지나면 저절로 거품은 가라앉게 되어 있다.

목욕탕에 담가 놓은 빨래에다 세제를 풀어 저으면 처음에는 많은 거품이 일어난다. 그러나 일정 시간이 지나면 거품은 가라앉게 되어 있는 것과 같은 이치이다.

요즈음 부동산 시장의 거품이 걷히고 있다. 인위적인 조치에 의한 것이다. 그러나 이러한 지나치게 인위적인 조치는 결국 건설경기를 악화시켜 경제에 또 다른 부담이 되는 부작용을 낳을 가능성이 있다.

원가를 공개하라는 사람들에게 본인이 하고 있는 사업이나 일에 대한 원가를 공개하라고 하면 아마도 펄쩍 뛸 것이다. 변호사나 의사에게 그들이 벌어들이는 수입을 공개하라고 하는 것과 다를 바가 없기 때문이다.

다만 한국의 부동산은 좀 특수성이 있다는 점은 이해한다. 좁은 땅에서 많은 사람들이 부동산을 소유하려는 경향이 부동산 투기를 야기하고 있기 때문이다. 그러나 원가 그 자체를 공개하라는 것보다 오히려 아파트 가격이 지나치게 상승하는 이유를 연구하는 것이 정도일 것이다.

경제의 기본은 수요와 공급이다

이 세상에는 늘 팔려고 하는 사람이 있는 반면에 사려고 하는 사람이 있게 마련이다. 사려는 사람이 많고 팔려는 사람이 적으면 가격이 올라가게 된다. 반면에 팔려는 사람이 많고 사려는 사람이 적으면 가격이 떨어지게 되는 것이다.

부동산시장을 예로 들면, 사려는 사람이 강남에 많이 몰리고 강남에서 공급 가능한 주택의 수가 제한적일 때 강남 집 값은 오르게 되어 있다. 그러면 강남의 집 공급은 왜 제한되어 있는가? 땅은 한정적이기 때문이다. 누구나 편리하고 주변 환경이 좋은 곳에서 살기를 원한다. 그래서 사람들은 살기 좋은 곳을 찾게 되는 것이고 그로 인해 수요가 증가하게 되는 것이다.

우리나라에서 강남의 아파트 값이 가장 비싼 이유는 사람들이 강남을 선호하기 때문이다. 시내에 진입하기도 편리하고 새롭게 구성된 도시계획에 의해 만들어진 곳이기 때문에 차량 통행도 편리하게 되어 있으며 문화시설이 집중되어 있다. 게

당좌자산

환금하기 쉬운 유동자산이다. 현금, 예금, 받을 어음, 외상매출금, 유가증권 등이 이에 속하며, 이들은 즉시 환금되어 유동부채의 지급에 충당할 수 있다.

다가 대한민국에서 내로라 하는 학원들이 밀집되어 있기 때문에 사람들이 선호하는 것이다. 수요와 공급이라는 측면에서 보면 당연히 공급은 제한되어 있는데 사려는 사람이 많으니 가격은 떨어질 줄 모르고 상승하는 것이다. 이것이 바로 수요와 공급이다.

아이스크림을 먹지 않으면 아이스크림은 가격을 내리거나 공급량을 줄여야 한다. 팔리지 않는데 공급을 계속 늘이는 것은 어리석은 일이기 때문이다. 또 다른 방법은 수요를 창출하는 것이다. 그래서 많은 광고를 하게 된다. 광고를 보면 소비자들의 욕구가 되살아날 수 있기 때문이다.

기업의 입장에서는 모든 것을 수요와 공급이라는 잣대로 시장을 바라보면서 시장을 창출하거나 사업을 포기하거나 경쟁에서 이기는 전략을 모색하게 된다. 사람도 마찬가지이다. 여자가 절대적으로 부족하여 남자가 자신의 짝을 찾지 못하는 상황이 발생하게 되면 짝을 구하는 사람 간의 경쟁이 치열해질 것이다. 경쟁력이 없는 남자는 자신의 짝을 구하지 못할 것이기 때문에 포기하거나 경쟁력을 제고하는 노력을 하게 될 것이다. 이것이 바로 경쟁이다. 경쟁은 어느 곳에나 존재한다. 경쟁이 극도에 달하게 되면 전쟁으로까지 번지게 된다.

기업 간의 경쟁도 전쟁과 다름이 없다. 소리 없는 전쟁인 것이다.

시장에서 절대적으로 공급이 부족한 상품이 있다. 이러한 경우를 우리는 독점적 지위에 있다고 한다. 석유 같은 천연자원이 그 예로서 물리적으로 공장에서 지속적으로 생산해낼 수 없다. 이러한 자원을 가지고 있는 경우는 독점적인 지위에서 가격을 정할 수 있다. OPEC(석유수출국기구)가 좋은 예가 될 것이다. 회원국들이 모여서 세계의 석유가격을 조정한다. 자원이 없는 국가로서는 그 자원을 덜 쓰든지 대체 에너지를 사용하든지 아니면 달라는 가격을 다 지불하고 사오는 수밖에 없다.

부동산은 수요와 공급에 의해서 가격이 수시로 변하지만 많은 공산품의 경우에는 수시로 변하지 않는다. 왜냐하면 수요와 공급에 의해서 가격이 수시로 변하게 되면 공급자와 수요자 모두에게 손해가 가기 때문이다. 공급자의 경우에도 수시로 가격을 바꾸게 되면 바꾸는 데 들어가는 비용이 만만치가 않다. 예를 들어 밀가루 가격을 매일 바꾼다고 하면 가격표를 바꾸는 데 들어가는 비용과 알리는 데 들어가는 비용이 크고 귀찮기 때문이다. 소비자의 입장에서도 가격을 예측할 수 없기 때문에 계획적인 소비활동을 할 수 없게 된다. 물론 배추나 오이 그리고 생선과 같은 자연 생산품처럼 작황과 어획량에 따라서 수시로 바꿀 수밖에 없는 상품도 있다.

어떤 상품이든지 간에 경제에는 수요와 공급의 법칙이 적용되게 마련이다. 따라서 우리는 경제적으로 어떤 상황에 있는가를 잘 파악하여 미래를 예측하는 노력을 해야 한다. 그것이 현명한 소비자가 되는 길이다.

현대자동차의 1,000만 대 수출에 부쳐

현대자동차가 2004년 7월 28일자로 자동차 수출 1,000만 대라는 대기록을 세웠다. 누구나 부러워할 기록이다. 현대자동차의 '수출 1천만 대 달성'은 불모지에서 일어난 한국자동차 산업의 쾌거로 평가할 수 있다. 1968년 승용차 생산에 첫 발을 내디딘 현대자동차는 1976년 고유모델 포니를 수출하면서 자동차를 우리나라의 주요 수출품목으로 만드는 데 결정적인 기여를 했다.

현대자동차는 최근 5년 동안 공격적인 해외마케팅을 전개하면서 수출 비중을 70% 이상으로 높였다. 이 같은 현대차의 역할로 한국은 지난해 총 317만 8천 대의 자동차를 생산, 세계 전체 시장의 5.5%를 차지하는 자동차 대국으로서의 위상을 굳히고 있다.

현대자동차가 지난 1976년 에콰도르에 포니를 처음으로 수출한 이후 28년 만에 누적 자동차 수출 1천만 대를 돌파한 것은

자기자본

기업의 자본 중에서 출자의 원천에 따라 출자재(주식회사의 경우는 주주)에 귀속되는 자본 부분을 말한다. 채권자에 귀속되는 타인자본에 상대되는 개념으로, 총투하 자본인 총자본에서 부채를 차감한 것이다.

일본 도요타에 이어 세계 두 번째로 빠른 것이다. 도요타는 수출을 시작한 지 25년 만에 수출 1천만 대를 달성했다.

자동차 산업은 기계공업의 꽃이라고 말할 정도로 중요한 산업이며 한 나라의 장래를 볼 수 있는 미래지향적인 산업이라고 할 수 있기 때문에 그 의미가 더욱 크다.

자동차 산업은 누구나 하고 싶어도 경쟁력을 갖출 때까지 시간과 노력 그리고 엄청난 투자비 때문에 엄두를 내지 못하는 산업이기도 하다. 이런 산업에서 세계 6위 국가라는 위치는 참으로 대단하다. 이것이 바로 기업의 경쟁력이며 자생력이다. 기업의 자생 노력은 그야말로 피땀으로 뭉쳐진 결과라고 할 수 있다. 물론 정부의 적절한 지원도 있었을 것이다. 하지만 기업들의 피나는 노력 없이는 이와 같은 업적은 도저히 불가능한 일이다.

현대자동차는 큰 애국을 한 것이다. 현대자동차의 글로벌 톱 5위 진입은 꼭 달성되리라고 믿는다.

정치는 갈피를 못잡고 있지만 기업들은 자신들의 길을 유유히 가고 있다. 정치만 뒤에서 기업들의 사기를 북돋아주고 지원해준다면 한국은 더욱 빠른 속도로 선진국에 진입하게 될 것이다. 문제는 정치권과 행정에 있다고 본다.

기업들이 전세계를 종횡무진 뛰어다닐 때 정부가 그들의 활동을 지원하고 격려하지는 못할망정 방해가 된다면 바른 정부가 아니다. 정치가나 정부는 기업과 국민을 위해서 존재한다는 것을 명확하게 인식할 필요가 있다.

한국 기업들이 지금까지 여러 가지 비판을 받으면서 성장해왔지만 그 근간에는 기업가 정신이라는 버팀목이 있었기 때문에 가능했던 것이다.

기업들이 기업가 정신을 가지고 있듯이 정부나 정치인들도 국가를 한 기업으로 인식하는 한 차원 높은 기업가 정신을 함양해야만 한다. 그것이 진정한 애국심이다.

현대자동차의 1천만 대 수출의 쾌거를 보면서 정치인들도 이와 같은 정신을 가지고 세계에 도전했다면 이미 우리는 선진국에 진입하지 않았을까 하는 생각을 해보게 된다.

지금부터라도 국가의 운명을 보다 긍정적으로 몰아가고 선진국, 잘 사는 나라로 전진하기 위해서 정치인들과 정부 관리들은 기업인들의 자세를 본받아야 할 것이다.

현대자동차가 한국을 대표하는 기업의 하나로서 세계시장에서 당당하게 글로벌 톱 5에 진입할 수 있도록 국민 모두 합심하여 성원을 보냈으면 한다. 한국 기업의 글로벌화가 한국의 글로벌화이기 때문이다.

캐티즌(catizen)

캐스팅과 네티즌의 합성으로 인터넷을 통해 오디오와 동영상, 연예, 게임 정보, 뮤직비디오, 토그쇼 등의 다양한 정보를 즐기는 네티즌을 말한다.

이제 나무보다는 숲을 보자

우리 경제를 보는 시각이 누구나 다를 수 있다. 왜냐하면 바라보는 각도가 서로 다르기 때문이다.

여러 경우에 같은 현상을 놓고도 보는 시각이 천차만별이기 때문에 안타까울 때가 많다. 독자들도 마찬가지일 것이다. 그렇다면 왜 이렇게 다른 시각들이 생겨나는 것일까? 그 이유를 살펴보면 대부분 전체보다는 부분만을 보고 판단하기 때문이다.

'전체를 관찰하고 부분을 살핀다'라는 의미의 '대관소찰(大觀小察)'이라는 말은 우리가 세상을 균형감각을 가지고 볼 수 있게 해주는 가르침이 아닌가 생각한다.

손에도 안팎이 있어 바닥을 보고 있는 사람은 바닥만을 이야기하게 될 것이고, 바깥 부분을 본 사람은 바깥 부분만을 이야기하는 것이 어쩌면 당연할지도 모른다. 만약 손 전체를 다 살피고 바닥을 이야기하는 사람은 바닥만을 보고 이야기하는 사람과는 상당히 다른 이야기를 할 것임에 틀림없다.

경제를 보는 시각도 이와 같지 않나 생각한다. 세계경제를 살피지 않고 한국경제만을 논하게 되면 숲을 보지 못하고 나무를 논하게 되는 것이니 부분적으로 맞을 수 있으나 전체 속에서의 균형감각 면에서는 문제가 있을 수 있다.

주식을 거래하는 사람들 중에는 주식시장 자체에만 신경을 쓰고 한국경제나 세계경제에 대해서는 등한시하는 사람들이 의외로 많다.

이런 사람들은 나뭇잎은 보고 있으되 나무와 더 나가서 숲을 보지 못하는 우를 범할 수 있다. 이렇게 소찰만을 하고 주식 거래를 하게 되면 한국경제와 더 나가서 세계경제의 큰 흐름을 놓쳐 손해를 크게 볼 수 있다.

국민 모두 경제를 '대관소찰' 하는 자세로 보게 되면 우리의 국제경쟁력은 반드시 높아질 것이다. 한국 경제의 70% 정도가 해외에 의존하기 때문이다.

개인의 생활과 기업의 경영, 나아가 국가의 경제도 이와 같은 맥락에서 이해할 수 있다.

일자리 창출과 기업 투자

일자리가 많은 나라가 좋은 나라이다. 일할 곳이 많다는 것은 그만큼 경제가 좋고 기업들이 사람을 많이 찾는다는 뜻이기 때문이다.

일자리도 분명한 수요와 공급에 의해서 결정되듯이 월급 또한 그러하다. 일자리가 없는데 높은 월급이 어떻게 가능하겠는가.

일자리는 크게 두 가지에 의해서 창출된다. 하나는 국가와 공공기관에 의한 창출이고, 다른 하나는 대기업이든 개인 기업이든지 간에 기업에 의한 창출이다.

국가나 공공기관이 일자리를 창출하는 데는 한계가 있다. 왜냐하면 거두어들인 세금의 범위 내에서 일정 수준에 해당되는 것밖에는 투자가 어렵기 때문이다.

따라서 일자리의 진정한 창출은 기업에 의해서만 가능하게 된다. 기업이 활발하게 투자를 하게 되면 일자리는 자연스럽게

전환사채

일정한 기간 이내에 미리 정해진 조건에 따라 당해 회사의 주식으로 전환할 수 있는 권리가 부여돼 있는 사채를 말한다. 일반적인 사채는 주식으로 전환할 수 없다는 점에서 구분되며, 전환사채를 잠재적 주식이라고도 한다.

늘어나는 것이다.

그러면 기업이 활발하게 투자하기 위해서는 어떠한 조건이 성숙되어야 할 것인가? 당연히 미래에 대한 희망과 정치적인 안정이 있어야만 가능하다. 또한 내부적으로는 노사관계가 안정적이어야 한다.

기업은 수익 계산을 철저하게 하는 곳이다. 수익 계산을 해서 채산성이 맞지 않거나 미래가 보이지 않으면 절대로 투자하지 않는다. 자원 봉사기관이 아니기 때문이다.

또 다른 투자 조건은 노조의 합리성이라고 할 수 있다. 노사관계가 불안해지면 기업은 투자를 꺼리게 된다. 수백억 원 이상을 투자해서 새로운 사업을 전개하는데 누가 지나치게 강한 노조를 선호하겠는가?

노조는 근로자들의 이익을 대변하기 위해서 필요하다. 하지만 지나치게 강한 노조는 전체를 잃게 하는 부작용을 낳는다. 미국과 영국, 그리고 일본의 경우에서도 우리는 분명한 교훈을 얻은 바 있다.

중요한 것은 노조의 활동도 한 과정으로 이해될 수 있으나 그 기간이 지나치게 길어지면 곤란하다는 것이다.

정부의 정책에 따라 노사 정책은 방향을 잡아가기 때문에 기업들은 정부의 태도에 늘 예의주시하는 것이다. 참여정부가 출범하면서 친노조 성향을 보이는 것이 기업에게는 큰 부담이라는 뜻이다.

요즈음 기업에 현금이 넘쳐나는데 투자를 안하고 있는 것은 바로 이러한 정부의 태도 때문이라는 생각이 강하게 든다. 정부는 기업들의 니즈가 무엇인지를 잘 헤아릴 필요가 있다. 기업이 움직여야 경제가 돌아가기 때문이다.

정치는 경제를 위해 존재한다

경제가 가장 중요한 단어로 우리에게 다가온 것은 20세기 말 엽이라고 할 수 있다. 모든 국가의 근간이 경제에서 비롯된다는 것이 산업사회를 거치면서 더욱 우리의 피부에 와닿았기 때문일 것이다.

한 국가가 유지·발전되기 위해서는 국력이 있어야 하는데 이 국력을 키우는 근본이 바로 경제이다. 그리고 한 국가의 경제가 제대로 자리잡아 세계의 국가들과 경쟁에서 이기기 위해서는 그 국가의 정치가 잘 되어야만 한다. 정치는 국가의 모든 것을 잘 돌아가게 해주는 윤활유이며 기둥이기 때문에 매우 중요하다. 정치가 안정되지 않은 국가들 중에서 경제적으로 발전하고 있는 나라가 없는 이유가 바로 여기에 있다.

우리나라는 지하자원이 거의 없는 국가이기 때문에 인적 자원을 최대한 활용하여 경제를 일으키는 수밖에 없다. 우리와 같은 유형의 국가들이 경제적으로 발전하기 위해서는 인적 자원

컷스루
(cut-through)

스위칭 허브 내에서 수신되는 패킷의 목적지 어드레스를 확인하자마자 목적지 포트로 패킷을 전송함으로써 전송 대기시간을 최소화하는 기법이다. 만약 수신된 패킷에 에러가 발생한 경우에는 이를 폐기시킨 뒤 재전송될 패킷을 기다리며, 세그먼트 상태를 확인해 전송 가능한 시점까지 기다렸다가 패킷 전송을 시작한다. 수신되는 패킷에서 목적지 어드레스가 확인되자마자 전송을 시작하므로 에러 제거 기능을 수행할 수 없다.

에 대한 교육과 훈련이 잘 되어야 하며 인적 자원이 최대한 효율적으로 활용되기 위한 사회적인 시스템의 가동, 즉 정치가 잘 되어야 할 것이다.

지하자원이 없으나 세계 선진국 대열에 들어가 있는 국가들의 경우를 보면 예외 없이 정치가 안정되어 있다. 이것이 바로 정치가 경제를 이끌어주는 견인차 역할을 한다고 평가하는 이유이다.

요즈음 우리 주변에서 '정치가 경제의 발목을 잡는다'라는 말을 자주 듣게 되는데 이는 정치가 경제를 위해 있는 것이 아니라 경제에 큰 걸림돌이 된다는 뜻이니, 국민의 한 사람으로서 안타까울 따름이다.

정치권이 제일 먼저 각성해야 할 것은 21세기 세계화 시대를 맞이하여 정치는 정치를 위해서 존재하는 것이 아니라 경제를 위해서 존재한다는 것을 인식하는 일이다. 그러한 각성이 우선되었을 때 정치는 비로소 경쟁력 제고를 통해 우리나라를 선진국에 진입시키는 데 중요한 역할을 하게 될 것이다.

지금과 같은 상황이 지속된다면 한국의 정치는 그야말로 본말이 전도된, 새로운 시대에서의 역할이 무엇인지를 모르는 3류 국가의 정치가 될 것이며 경제의 발목이나 잡는 걸림돌이라는 오명을 벗지 못하게 될 것이다.

환율이 경제에 미치는 영향

    환율이라는 것은 돈의 대외가치를 나타내는 것으로 외화 1단위당 원화의 교환비율을 뜻한다. 환율은 그 국가의 경제력에 따라 수시로 변하는 것이 원칙이다. 달러당 원화의 환율이 1,000원에서 1,500원으로 높아지면 달러화 대 원화 환율이 오른 것인데 이를 환율상승이라고 한다.

    이처럼 원화의 환율이 높아지는 것은 원화의 가치가 떨어지는 것을 의미하여 평가절하라고 한다. 환율은 수출입에 직접적인 영향을 미치게 되는데 환율이 상승하게 되면 수출업자는 유리하나 수입업자는 수입하는 데 더 많은 원화를 지급해야 하기 때문에 불리해진다.

    환율과 금리도 불가분의 관계를 갖고 있다. 환율 상승은 원화 가치가 떨어지는 것이기 때문에 국내시장에서 국가나 회사가 발행한 채권의 가치가 떨어질 것을 우려하여 채권을 팔려고 하기 때문에 채권의 금리가 떨어지게 된다. 채권의 금리가 떨어

경상이익

기업의 경영활동에서 경상적으로 발생하는 이익이다. 영업외수익(수입이자 및 할인료 등)을 가산하고 영업외비용(지급이자 및 할인료 등)을 공제한 것이며, 일정 기간의 경상적 수입과 지출의 차액을 말한다. 일시적으로 발생하는 특별이익 등은 포함하지 않기 때문에 기업의 업적 실태를 파악하기 쉽다.

지면 채권을 발행하여 조달하려는 자금이 부족하여 시중의 금리는 상승하게 된다.

또한 환율 상승은 주가의 하락을 부추기게 된다. 국내 증권시장에 들어와 있는 외국인 투자자들에게는 달러로 환산한 돈이 실질적인 수익이 되는데 환율이 올라가게 되면 달러로 회수하게 되는 금액이 줄어들기 때문에 국내시장에서의 투자 규모를 줄이게 되고 수요의 감소가 주식시장의 하락으로 이어지게 되는 것이다.

환율이 오르면(원화 가치의 하락) 주가가 떨어지고(저주가) 이자율이 올라가게(채권금리의 하락) 되는 것을 트리플약세라고 말하는데, 이러한 트리플약세는 경제상황이 안 좋다는 것을 단적으로 나타내는 것이다.

우리나라 환율은 엔화와 상관관계가 매우 밀접하다. 그런데 일본 경제의 장기 불황으로 인해 엔화의 약세가 지속되고 있다. 이러한 엔화의 약세는 일본 수출에 긍정적인 영향을 주게 되고 경쟁관계에 있는 한국 수출에 큰 타격을 주게 되기 때문에 원/달러도 상승하게 되는 것인데 일본 엔화와 원화의 상관관계가 0.7정도로 높은 것이 사실이다.

따라서 엔화 약세는 한국경제에 큰 타격을 주게 된다. 엔화 가치가 10% 정도 절하될 경우 국내의 경제성장률은 1.4%가 하락하게 되고 경상수지는 20억 달러, 자본수지는 11억 달러의 적자를 기록하는 것으로 나타나고 있다. 특히 엔화 약세에 따라 원화 약세가 지속될 경우 국내 물가에 상당한 영향을 주게 되는데, 엔화가치가 10% 절하될 경우 1.5% 정도의 물가가 상승할 것으로 예상된다.

이와 같이 환율은 국가경제를 이해하는 데 아주 중요한 지표이다.

고용장려금이 일자리를 창출한다?

정부가 세운 2004년도 하반기 경제정책의 최우선 목표는 상반기와 마찬가지로 투자 활성화와 일자리 창출이라고 할 수 있을 것이다.

이는 우리 경제가 활력을 되찾기 위해서는 기업이 투자를 하고 일자리가 창출되어야 한다는 데 인식을 같이하는 것이다. 또 상반기 내내 투자 활성화와 일자리 창출을 외쳐왔지만 실질적인 효과를 거두지 못한 것을 반증하는 것이기도 하다.

금년 들어 20여 개의 경제정책이 발표되었지만 경제상황이 좋아질 기미가 보이지 않으며 더 나빠질 것이라는 전망이 한국은행에서 나오고 있는 실정이다.

이와 같은 답답한 상황이기 때문에 임시로나마 일자리를 창출하려고 새로운 장려금제도를 도입하겠다고 나선 것이다. 하지만 정부가 고용보험기금까지 헐어 고용장려금을 지급하겠다고 한들 얼마나 효과가 있을지 걱정이다.

중소기업들은 자금지원보다 경기회복을 더 절실하게 바라고 있다는 것을 정부는 인식해야 한다. 경기가 되살아나지 않은 상태에서 채용장려금을 늘려도 기업들이 사람을 뽑지 않을 것은 불을 보듯 뻔한 일이다

중소기업에 지원되는 채용장려금이 1년에 720만 원으로 이것은 한 달에 60만 원 정도이다. 이것을 받기 위해서 추가로 사람을 채용하는 기업은 없다. 다만 기왕 뽑을 생각이던 기업에서는 비용이 줄어드는 효과는 있을 것이다.

150억 원을 예산으로 잡아놓았던 중장년 훈련수료자 채용장려금의 경우 올해 4월까지 200만 원밖에 쓰이지 않은 것을 보아도 알 수 있다. 오히려 기업들이 친지 등을 편법으로 고용해 돈만 받으려는 유혹에 사로잡힐 수도 있다.

보다 중요한 것은 정부가 경제를 제대로 살릴 수 있는 정책을 제시하여 기업이 신명나게 투자하고, 자연스럽게 일자리를 창출하는 방향으로 운용해야만 한다는 것이다.

그런 면에서 채용장려금과 같은 미봉책은 우리 경제의 활성화를 위해서 바람직한 정책 대안이 아닌 것이다.

우리 경제는 지금 중환자실에서 회복실로 갈 수 있을지를 가늠하는 중요한 시점에 있다. 많은 정부 당국자들은 중환자실에서 이미 회복실로 간 것으로 주장하고 있으나 기업이나 많은 경제학자들은 아직도 중환자실에서 치료 중인 환자로 판단하고

있는 것이다. 다만 호흡기를 뗀 정도의 위험 수위는 넘었다고 보고 있지만 언제든지 잘못 관리하면 또다시 호흡기를 대야 하는 환자로 보는 것이다.

이런 와중에 정치권은 서로 으르렁대고 노조는 강성으로 가게 되면 우리 경제의 미래는 점점 어려워질 수밖에 없다.

경제를 위해 전쟁은 일어나야 한다?

새로운 전쟁이 일어날 가능성이 높아지고 있다. 전쟁은 인류 역사가 계속되는 한 지속적으로 일어나는 것 같다. 사람들의 이해관계가 그만큼 다르다는 이야기일 것이다.

전쟁이 일어나면 많은 사람이 죽고 건물이 붕괴되며 재산이 날아가버리기 때문에 단면적으로 봤을 때 인류에게 단기적으로 손해임에 틀림이 없다. 하지만 다른 시각으로 보면 전쟁이 일어난 후 인류는 더 많은 발전을 해온 것을 발견할 수 있다. 전쟁으로 파괴된 것을 복구하기 위해서 들어가는 많은 자원과 인력의 동원으로 경제가 돌아가는 기이한 현상을 볼 수가 있는 것이다.

세계의 경제가 침체기로 들어서는 것을 인체에 비교하면 피로가 누적되어 혈액 순환이 잘 되지 않는 상황인 것이다. 기업에서 생산한 상품의 재고가 팔리지 않고 창고에 쌓여 있는 경우와도 같은 것이다.

재고의 누적은 기업의 생산을 위축시키고 직원의 감원을 초래하며 직원의 감원은 소비를 위축시키는 악순환이 되기 쉽다. 이럴 때 전쟁이 일어나면 막힌 숨통을 트이게 하는 효과를 가져올 수 있다는 것이다.

마치 뇌일혈로 쓰러진 사람을 긴급히 일정 부위를 칼로 따서 피를 돌게 하면 치명적인 상황은 넘길 수 있는 것과 비슷하다고 할 수 있다. 하지만 적당한 양의 피를 흘리게 해야 하는데 잘못하여 환자가 피를 지나치게 많이 흘리게 되면 오히려 환자에게 또다른 치명상을 입히는 것과 같으니 이러한 경우가 바로 전쟁의 장기화가 아닌가 한다.

전쟁이 빠르게 그리고 효과적으로 종결되면 경제에 좋은 회생, 회복의 기회로 작용하겠지만 장기화되면 경제에 더 나쁜 영향을 미치게 된다.

우리처럼 경제의 많은 부분을 외국에 의존할수록 이와 같은 영향을 더 민감하게 받을 수밖에 없기 때문에 세계경제의 흐름를 예의주시해야 할 것이다.

특히 우리 경제의 해외의존도가 미국과 일본 그리고 중국에 편향되어 있는 현실을 감안한다면 이번 전쟁이 우리에게 줄 영향은 긍정적인 측면보다 부정적인 측면이 많을 수밖에 없다는 것을 다시 한 번 인식해야 할 것이다.

전쟁과 경제의 관계를 읽는 능력도 우리의 경쟁력이다.

방송으로 경제를 익혀라

경제를 이해하는 것은 사람이 사는데 가장 기본적인 것을 이해하는 것이다. 사람은 아침부터 잠자리에 들 때까지 경제의 틀 속에서 살아가기 때문이다.

경제를 잘 이해하는 사람은 같은 시간을 들여서 일을 하거나 생활을 하더라도 효율적으로 할 수 있는 길을 아는 사람이다. 경제에 대한 이해도가 다르기 때문에 수입이 같은 사람들 중에도 그 결과는 늘 다른 것이다. 이것을 우리는 재산을 관리하는 요령, 즉 이재(理財), 요즈음 말로 재테크라고 한다.

같은 조건에서 살아가면서 결과가 다르다면 무엇인가 방법에 문제가 있다는 이야기인데, 바로 재테크에 대한 방식이 다르기 때문에 생기는 결과라고 할 수 있다. 재테크를 잘하기 위해서는 경제에 대한 이해가 선행되어야 한다. 이것은 마치 물의 흐름을 이해하기 위해서는 물의 흐름이 어디서부터 시작되는지를 이해해야 하는 것과 같은 원리이다.

부보액

보험에 부치는 금액을 말하며, 다른 말로는 보험가입 금액이라 한다. 보험사와 계약자 간에 자유롭게 청약과 승낙의 절차를 거쳐서 결정해 계약하게 되는 금액이다. 따라서 보험가액에 알맞게 보험가입금액을 적정하게 설정해 가입해야 한다.

경제를 이해하는 방법에는 학교에서 강의를 듣거나 경제학 책을 읽으면서 독학을 하는 방법도 있겠으나 신문이나 방송을 통해서 경제의 흐름에 동참하는 방법도 있다. 이 중에 방송 매체가 지닌 여러 가지 장점이 경제의 흐름을 이해하는 데 아주 유용하다.

방송을 통한 경제의 이해에 대한 장점으로는 다음과 같은 것들이 있다. 첫째, 시의 적절한 경제문제를 다룰 수 있다. 둘째, 진행자와 초대손님 간에 대화로 풀어가기 때문에 이해하기가 쉽다. 셋째, 방송이 끝난 뒤에도 청취자와 진행자 간에 추가적인 질의 응답으로 궁금한 점을 풀어나갈 수 있다. 넷째, 광범위한 청취자층에게 정보를 전달할 수 있다.

반면에 방송의 단점은 첫째, 흘러 지나가버려 머릿속에 오래 남지 않는 경우가 생긴다. 둘째, 비교적 빠른 속도로 진행되어 책이나 신문을 읽는 것과 같은 효과를 얻을 수 없다. 셋째, 전문가들의 용어가 어려워서 일반인들이 이해하기 어려운 경우가 많다.

따라서 방송을 구성하는 제작진이나 진행하는 사람은 방송의 장단점을 잘 이해하여 청취자의 입장에서 구성과 진행을 해야만 그 효과를 극대화할 수 있다. 그리고 청취자가 방송을 통해서 경제를 보다 체계적이고 쉽게 이해하기 위해서는 방송의 기획의도, 구성 등을 면밀하게 살펴본 후 자기가 관심 있는 분야에 대한 방송을 선택해야 한다. 방송을 선택한 후에는 귀를 기울여 듣고 이해가 부족하다 싶은 부분이 있으면 신문이나 방송국의 게시판을 통하여 추가적인 정보를 얻는 노력을 해야 한다. 무엇보다 중요한 것은 꾸준하게 청취하는 습관인데 이는 경제이해에 대한 맥이 끊기지 않아야 하기 때문이다.

방송은 많은 사람들에게 세상 돌아가는 정보를 폭 넓게 제공할 수 있는 좋은 매체이다. 국민들이 세계경제와 한국경제 그리고 개인의 생활경제를 쉽게 이해하는 데 있어 방송은 아주 유효한 매체임에 틀림없다.

한국경제는 미국을 짝사랑한다?

한국경제를 이해하기 위해서는 우리를 둘러싸고 있는 세계 경제를 이해해야 한다. 세계경제 중에서 특히 우리 경제에 큰 영향을 주고 있는 미국경제를 제대로 이해하는 것이 우리 경제를 올바르게 이해하는 지름길이다.

미국경제는 전세계 230여 나라 중에서 가장 큰 경제 규모를 가지고 있는데 세계 전체 생산(GNP)의 20% 이상을 차지하고 있다. 이것은 겉으로 나타난 생산 규모면에서의 단순 비교이다. 그들이 지니고 있는 천연자원의 규모까지 감안한다면 지구상에서 그들을 따라 잡을 수 있는 국가는 현재로서는 없다고 할 정도로 막강한 국가이다. 그래서 우리는 그들을 초강대국이라고 하는 것이다.

따라서 세계경제에 끼치는 그들의 영향력은 지대하여 관계를 갖고 있는 국가들은 그들의 움직임에 예의주시해야 하는 것이다. 특히 우리나라와의 관계는 어느 국가보다도 밀접하기 때문에 미국에 대한 이해는 무엇보다도 우선되어야 한다.

우리나라 수출에서 미국시장이 차지하는 비중은 약 22%나 되며 우리나라 GDP(국내총생산)에서 차지하는 수출의 비중이 대략 30% 정도이니까 대미 수출은 우리나라 GDP의 6.6%가 된다. 따라서 미국 경기가 좋지 않으면 우리나라의 수출에 직접적인 타격이 되고 수출이 타격을 입게 되면 수출업체의 불황으로 이어져 국내경제가 나빠지게 되는 것이다. 미국의 경제가 나빠지면 우리나라에서 다른 국가로 수출을 더하면 되겠지만 전세계의 주요 수출국의 수출도 상당 부분이 미국시장으로 향하기 때문에 타격을 받기는 마찬가지여서 문제가 된다.

이처럼 미국시장에 대한 의존도가 높은 한국과 같은 나라는 미국의 경제 동향에 촉각을 세우지 않으면 안되며, 미국경제의 동향에 대한 이해가 국내경제 및 사업의 향후 경기 동향을 짚어 볼 수 있는 중요한 지표가 된다. 최근 들어 미국 경제가 경착륙을 할 것인지 연착륙을 할 것인지에 우리가 관심을 가져야 하는 이유가 바로 여기에 있다.

지피지기하면 백전백승이라고 한 손자의 명언이 현대 경제를 이해하는 데도 여지없이 적용된다고 할 수 있다. 한국경제의 장래에 대한 예측은 항상 미국경제의 분석과 이해에 근거해야 한다. 미국경제 그리고 세계경제의 성장이 크게 둔화되는데 한국경제 홀로 호황을 누리는 경우는 있을 수 없다.

**오픈 북 경영
(open book
management)**

모든 종업원들에게 기업의 재정상태나 경영 정보를 공유케 하여 경영자와 같은 주인 의식을 갖도록 함으로써 부문 이익보다 전사적인 이익을 최우선으로 하는 경영 혁신 방안이다. 오픈 북 경영은 경영자와 종업원 모두가 혁신의 주체가 된다는 점을 특징으로 하고 있다.

중요한 것은 우리가 얼마나 민감하게 미국경제의 향방에 대응하는 전략을 수립하고 집행해나가느냐에 있다. 이러한 대응전략의 수립과 집행을 위하여 국가와 개인 그리고 기업은 세계경제 중에서 특히 미국경제를 이해하는 노력을 해야 한다.

정치자금이 경제의 발목을 잡는다

정치를 하는 데 돈이 드는 것은 지극히 당연하다. 작은 집안 살림을 하는 데도 돈이 쏠쏠하게 들어가는데 하물며 나라의 정치를 하는 데 돈이 안 들어간다는 것은 불가능한 일이다.

정치하는 데 들어가는 돈을 우리는 정치자금이라고 하는데, 이 정치자금의 대부분은 경제계에서 들어온다고 할 수 있다. 경제계는 돈을 만지고 벌어들이는 곳이기 때문이다.

선진국과 후진국의 차이는 정치를 하는 데 얼마나 많은 돈이 드는가와 어디서 어떻게 돈을 조달하느냐에 있다.

선진국의 경우를 보면 사회가 투명하고 사회적인 인프라가 잘 갖추어져 있기 때문에 돈을 쓰는 규모가 상대적으로 후진국에 비해서 적다. 돈을 모으는 것도 대부분 아주 투명하게 이루어진다고 할 수 있다. 후원회를 열어 공개적으로 정치자금을 모으며 법의 테두리 안에서 영수증을 주고받으면서 기업이나 재단 또는 개인으로부터 정치자금을 모으고 있다. 그리고 이렇게

낸 돈은 법이 정하는 범위 내에서 세금으로 환급받게 되어 있기 때문에 내는 사람도 부담감이 훨씬 덜하다.

우리의 경우는 대부분 기업에서 뒷돈을 받아 처리해온 것이 사실이다. 그래서 선거철만 되면 많은 기업들이 여러 곳에서 요청해오는 정치자금을 어떻게 탈없이 거절하느냐가 큰 부담이 되고 있으며, 이는 공공연히 알려진 비밀이다.

과다한 정치자금은 우리 경제계의 발목을 잡아 글로벌 경쟁력을 저하시키는 요인이 된다. 기술개발이나 인재양성을 위한 교육에 들어가야 할 돈이 비생산적인 정치 쪽에 과도하게 들어간다면 그것은 우리 모두의 손해이다. 따라서 정치를 하는 데 들어가는 돈을 줄이는 것이 국민 모두 풀어야 할 숙제라고 할 수 있다.

정치인들에게 손을 내미는 유권자들은 결국 "소경이 제 닭 잡아먹는 격"의 우를 범하고 있다는 것을 인식하여 정치인들에게 부담을 주지 말아야 할 것이다. 정치인들은 보다 경제적인 마인드를 가지고 정치의 경제적 최적점을 찾아내는 노력을 게을리해서는 안될 것이다. 정치는 경제를 위해서 존재한다고 해도 과언이 아니기 때문이다. 그리고 법에 정해진 정당한 정치자금만 내기로 한 전경련의 결의가 반드시 실천되어 우리 정치가 한 단계 더 선진화되기를 기대한다.

우리의 아이들 키라처럼 키워라

'21세기는 경제 전쟁시대이다'라는 말이 있다. 21세기는 이데올로기의 중요성이 상대적으로 적어진 반면에 경제의 중요성이 증대된다는 말이다.

한 국가의 경쟁을 구성하는 두 요소는 지하자원과 인적 자원인데 우리는 지하자원이 거의 없는 상황이기에 인적 자원의 글로벌 경쟁력을 극대화하는 데 최선을 다해야 한다.

인적 자원의 글로벌 경쟁력을 제고하는 데는 교육이 대단히 중요한 수단이다. 특히 21세기 경제전쟁을 대비하여 훌륭한 장군감을 길러내기 위해서는 어려서부터 경제교육을 잘 시키는 것이 중요하다.

현실사회에서 경제가 차지하고 있는 비중은 막대하다. 기업경영에서는 물론이고 정부 운영이나 일상생활에서 경제가 차지하는 비중을 보면 알 수 있다. 이렇게 경제가 차지하는 비중이 커짐에도 불구하고 경제에 대한 교육은 대단히 제한적으로

그린 GNP

우루과이라운드 협정 타결 이후 새롭게 대두되고 있는 환경개념이 적용된 국민총생산이다. 유엔은 현재 각국에서 쓰는 국민계정체제를 개정, 환경계정을 도입할 것을 각국에 권고하고 있다.

그린 GNP 도입 배경은 자원 고갈과 자연의 변화에 미리 대처해 지구환경을 보호하자는 것이다.

이루어지고 있는 것이 문제이다.

다시 말해서 경제문제를 해결할 지식을 학교나 가정 어디에서도 제대로 배우지 못하고 있는 것이 우리의 현실이다. 우리 모두 경제의 중요성은 인정하면서도 그에 대한 대비를 소홀히 하고 있다.

세계 초강대국인 미국은 지금 세계에서 자본주의가 가장 발달한 나라인데도 후세들에게 부단히 경제교육을 시키고 있다는 사실 자체가 우리를 놀라게 하고 있다. 미재무성 산하에 재정교육청(Office Of Financial Education)을 신설하여 체계적으로 미국 어린이들의 경제교육을 지원하도록 한 것이 그 예이다.

일상생활 대부분을 차지하는 금융활동에 대해 그 구조와 개인적 활용은 물론 국가경제에 미치는 영향 등을 어렸을 적부터 직접 체험케 하고 있는데, 우리는 이것을 반드시 참고해야 할 것이다. 어렸을 때부터 경제교육을 체계적으로 시키는 것은 우리 경제구조를 튼튼히 하는 데 중요한 역할을 할 것이며 우리의 경쟁력 제고에 큰 기여를 할 것이다.

21세기에 우리가 선진국에 진입하기 위해서는 반드시 조기 경제교육의 중요성을 다시 한 번 인식하고 정부, 기업 그리고 가정에서 할 수 있는 것부터 하나하나 실천해야 할 것이다.

정부의 통계자료가 부정확하다?

2002년도 정부의 통계자료가 잘못되었다는 발표가 있었다.

통계의 생명은 정확성과 신뢰성이다. 통계는 주변의 각종 자료를 만드는 데 매우 중요한 역할을 하기 때문이다.

통계가 잘못되면 통계자료를 기초로 해서 작성되는 각종 경제지표나 예측치들이 전부 잘못될 수 있고 이러한 자료를 믿고서 다른 자료를 만드는 사람에게 치명적인 해를 입힐 수 있다.

다른 곳에서의 통계도 아니고 통계청에서 만드는 통계가 잘못되었다니 참으로 심각한 문제인 것이다. 일반적으로 국민들은 정부에서 발표하는 통계들이 정부에 유리하게 만들어질 것이라는 막연한 추측을 하고 있는 것이 현실이다. 그런데 실제로 통계에 오류가 있었다는 발표는 앞으로 정부에 대한 신뢰성에 중대한 문제로 남을 것으로 본다.

정부 관계자들이 정부의 입장에서 조금은 유리한 자료를 제공하는 것이 나을 것이라는 개인적 판단에 의해서 저질러진 일

과세특례

연간 거래금액이 일정액 이하인 영세기업이 편리하게 세금을 납부할 수 있도록 하기 위해 만들어진 제도이다. 소규모의 영세기업들은 통상적인 방법으로 부가가치세를 부과하면 불이익을 받을 우려가 있다. 그런 영세기업을 보호하기 위해 세금계산서 교부의무 및 제출에 관한 특례와 고지납부 특례를 두고 있다.

이라고 생각된다. 그러나 이러한 행태는 공무원 사회의 전체적인 신뢰를 붕괴시킬 수도 있다는 점에서 매우 심각한 사건이 아닐 수 없다. 기초 통계자료의 조작 또는 의도적인 수정은 한 국가의 미래를 정확하게 예측하고 그에 따른 정책을 세워야 하는 정부에게도 또다른 오류를 범할 수밖에 없는 단초를 제공하는 것이 된다.

선진국에서 이러한 일이 일어났다고 하면 아마 국민들이 가만히 있지 않을 것이다. 이러한 일이 일어나는 것은 그야말로 후진국의 행태이기 때문이다.

매우 다행스러운 것은 이번 사건이 발생한 직후 관계기관에서 빠른 대응을 해서 국민들에게 정식으로 사과하고 다시는 이런 일이 발생하지 않도록 하겠다고 발표한 것이다.

중요한 것은 앞으로의 일이다. 국민들이 이러한 사건 이후에 정부에 대한 무너진 신뢰감을 회복할 것인가 걱정이 되기 때문이다. 선진국 진입을 목표로 하고 있는 우리에게 참으로 큰 타격일 수밖에 없는 이 사건으로 정부는 신뢰감 회복에 더욱 노력을 해야 할 것이다.

기초공사가 부실하면 절대로 큰 빌딩을 지을 수 없다.

미국, 일본, 한국의 삼각관계

　우리나라 경제구조를 자세히 살펴보면 왜 우리가 미국과 일본의 경제동향에 크게 신경을 써야 하는지 쉽게 알 수 있다.

　우리 경제는 대외의존도가 높기 때문에 해외 경제상황에 아주 민감한 영향을 받을 수밖에 없다. 특히 해외의존도의 상당 부분이 수출입, 즉 무역에 의해서 경제가 좌지우지되는 상황에 있다. 또한 수출입 대상국이 230여 개나 되는데도 불구하고 한국에서 수출하는 모든 상품 중 22%가 미국으로 11%가 일본으로 가고 있으니 두 국가가 우리나라 전체 수출의 3분의 1을 차지하는 것이다.

　세계경제의 중심에 서 있는 미국의 경제 상황은 태풍의 눈과 같이 세계경제의 향방을 결정한다고 할 수 있으며 일본의 경제 규모 또한 상당히 커져서 세계경제의 흐름에 영향을 줄 수 있는 상황이다. 특히 일본경제는 동남아시아의 중심에 서서 막강한 영향력을 발휘하고 있기 때문에 우리나라는 일본경제의 큰 영향권 내에 있게 된다.

알다시피 우리나라는 자원이 부족한 국가이기 때문에 경제 발전의 모티브를 원자재를 수입하여 국내의 풍부한 인적 자원을 활용하여 가공 수출한 후, 수출대금의 회수를 통하여 경제를 활성화시키는 패턴인 수출지향적인 산업구조에서 찾고 있는 것이 현실이다. 따라서 해외시장의 악화는 한국경제 발전에 직격탄을 날리는 효과를 유발하게 된다.

특히 우리나라는 일본에서 주요 수출용 원자재의 수입을 많이 하기 때문에 일본 경제상황의 변화에 민감할 수밖에 없는데, 가급적 빠른 시일 내에 수입선을 다변화하는 노력을 경주해야 한다. 수출용 원자재의 일본 의존도가 높은 이유는 일본의 경제발전 패턴을 대부분 모방하면서 설비 자체를 일본에서 들여온 후 그들로부터 기자재 등을 비롯한 주요 원자재를 계속하여 수입하는 데 익숙해 있고 상당 부분 설비에 맞는 원자재가 일본 제품이기 때문이다.

따라서 한국경제는 자생할 수 있는 여건이 제한적이라고 할 수 있다. 이러한 상황은 당분간 지속될 것으로 판단되기 때문에 현재 우리가 할 수 있는 최선의 방법은 정부의 신속하고 전략적인 대응을 위한 정책 수립과 집행, 기업의 생산성 제고를 통한 경쟁력 강화, 국민들의 불요불급한 것을 제외한 외국 제품의 소비절약 등이라고 할 수 있다.

우리는 미국과 일본의 경제상황 전개를 주시하면서 우리 경제를 다스려야 하는 아주 중요한 시점에 있다. 우리 경제를 둘러싸고 있는 가장 큰 요소인 미국과 일본경제에 대한 관심을 국민 모두 가져야 하는 이유가 여기에 있다.

유상증자

주식을 발행해서 회사가 주주로부터 직접 증자납입금을 징수하는 증자이다. 신주 인수권을 주주에게 주어 그들로부터 신주주를 모집하는 주주 할당 방법, 임원이나 종업원 혹은 거래 관계에 있는 사람에게 신주 인수권을 주어 신주를 인수시키는 제삼자 배정 방법, 일반인으로부터 주주를 모집하는 방법 등이 있다.

꿈의 로또 복권 열풍

복권 열풍이 계속적으로 불고 있다. 많은 사람들이 나도 한 번 인생을 바꾸어보자는 마음으로 달려들고 있어서 걱정이다. 복권은 한 마디로 요행을 바라는 사람의 심리를 이용해서 사업을 하는 것이다. 경제적으로는 투자의 개념이 아니라 그야말로 투기인 것이다.

투자는 장래에 대한 분명한 목표를 가지고 합리적이면서도 이성적으로 벽돌을 쌓듯이 노력으로 쌓아올리는 것에 대한 대가를 얻는 경제적인 행위이다. 하지만 투기는 그야말로 큰 노력 없이 요행을 바라는 비경제적인 행위인 것이다.

물론 재미삼아 한두 번 해보는 것은 이해가 가지만 거기에 모든 것을 거는 듯한 사람들이 늘어나고 있어 걱정이다. 1등에 당첨될 확률이 800만 분의 1이 넘는다고 하니 당첨될 가능성은 참으로 희박하다. 그러나 당첨되는 사람이 생겨서 십수 억의 당첨금을 타는 것을 보면 많은 사람들이 혼란에 빠지고 유혹에 빠져들게 되는 것은 당연한지도 모를 일이다.

복권의 당첨금이 이월되어 금액이 너무 커지자 1회 이월로 제한한다는 조치를 정부에서 내놓았다. 적절한 조치라고 본다. 그런데 이러한 복권사업을 정부가 주관하고 있다는 것은 그 취지가 어디에 있든 모양새가 좋지 않다.

세계 각국에서도 복권에 당첨되어 큰 금액을 받은 사람들의 상당수가 별안간 생긴 횡재 때문에 부부가 이혼을 하게 되어 가정이 파탄에 이르고, 개인 생활이 비정상적으로 되어 파경에 이르렀다는 소식을 접할 때마다 걱정이 앞선다. 돈은 본인이 정당한 노력을 통해서 벌어야만 비로소 참된 의미가 있는 것이며 돈의 경제적 가치를 느끼게 되는 것이다. 경제적인 가치를 느끼지 못하는 돈은 참된 부가 될 수 없다.

과천 경마장에 주말이 되면 근처에 주차할 공간이 없을 정도로 많은 사람들이 모여들어 경마에 몰두하고 있다. 이러한 경마가 취미삼아 주말의 여흥 정도로 행해지면 무슨 문제가 되겠는가? 하지만 불행하게도 경마에 빠져서 가정이 파탄되는 경우를 우리는 자주 보게 되어 걱정인 것이다.

돈을 벌고 싶지 않은 사람이 어디에 있겠는가? 하지만 돈이라는 것은 정당한 근로와 경제적 활동에 의해서 벌어질 때 그 가치가 있기 때문에 요행을 바라고 본연의 일을 등한시한다면 가정경제뿐만 아니라 국가경제에도 부정적인 영향을 끼치게

무보증사채

신용도 높은 기업이 원금 상환이나 이자 지급에 대한 금융기관 등 제3자의 보증이나 물적 담보 없이 기업의 신용만으로 발행하는 채권을 말한다. 증시에서는 보통 일반사채라고 불린다. 투자자 입장에서 보면 보증사채에 비해 원금 회수에 대한 위험 부담이 커 금리가 높은 것이 특징이다.

선도주(先導株)

증권시장에서 주가의 평균적인 움직임에 선행하여 주가가 변동하면서 대량으로 거래되는 주식을 말한다. 주가 상승장세에서는 주도주 혹은 주력주라고 불리기도 한다. 투자자들의 관심을 집중적으로 끌면서 대량거래와 함께 평균적인 주가 등락률을 넘는 큰 폭의 움직임을 보이는 특징이 있어 장세를 분석하는 주요 근거가 된다.

될 것이다.

특히 이러한 부정적인 폐해 가능성이 높은 사업을 국가에서 수익사업으로 행한다면 그 수익금을 좋은 곳에 쓴다고 해도 의미가 크게 퇴색될 것이다.

스트레스를 풀고 여가를 즐긴다는 본연의 목적과 부합하려면 경마나 복권의 규모나 행해지는 과정이 보다 적절한지를 늘 점검해보아야 사회에 기치는 부정적인 영향을 줄일 수 있을 것이다.

경제특구 지정과 우리의 과제

정부는 2002년 4월 4일 '동북아 비즈니스 중심국가 실현 방안'을 내놓았다. 영종도, 송도 신도시 그리고 김포매립지를 경제특구로 지정하는 것을 비롯해서 영어 공용화 정책과 외국교육기관과 병원·약국의 진입 허용과 주요 외국통화를 허용하는 등의 획기적인 내용이 주요 골자이다.

전세계가 세계화시대에 맞게 발 빠르게 움직이고 있고 중국의 부상이 한반도에 끼칠 영향이 지대하기 때문에 우리의 생존과 번영 전략으로서 '동북아 비즈니스 중심국가'라는 목표를 세우긴 하였으나 늦은 감이 있다. 왜냐하면 일본, 홍콩, 싱가포르, 대만, 중국 등의 주변 국가들은 이미 같은 목표를 향해서 뛰고 있기 때문이다.

이 목표를 성공적으로 완수하기 위해서는 무엇보다 국민들의 공감대가 형성되어야 할 것이다. 외국기업을 받아들일 수 있는 개방적 문화가 전제되어야 하는데, 그것은 지금까지의 폐쇄적인 사고로는 실현 가능한 일이 아니기 때문이다.

특히 중국은 세계의 생산 기지화되고 있으며 20년 이내에는 세계 최대의 경제대국이 될 것으로 전망되기 때문에 우리의 경제특구는 일단 동북아시아의 물류 중심지로 전환하는 것이 바람직하다는 생각이 든다. 업무비즈니스의 중심지는 이미 홍콩이나 싱가포르 그리고 일본이 선점하고 있기 때문이며 우리나라의 지정학적인 경쟁우위 요소는 역시 중국을 중심으로 생각되어야 하기 때문이다.

따라서 중국을 염두에 둔 물류 중심지가 되기 위해서 우리는 물류기반 시설의 확충, 행정규제 및 절차의 간소화 작업, 강성노조의 문제 해결, 고지가 · 고임금 문제의 해소, 외국인들의 생활 환경개선, 국민들의 개방화된 의식 등의 과제를 풀어나가야 할 것이다.

필자의 생각에 기본적으로 이번 구상은 상당히 미래지향적인 것으로 판단되나 구체적으로 작업에 들어가서 성공적으로 자리잡기까지는 많은 시간이 소요될 것이다.

여러 차례 강조해왔지만 우리나라가 선진국에 진입하기 위해서 가장 시급하게 선결해야 할 과제는 국민들의 언어와 사고의 국제화라고 할 수 있다. 아무리 좋은 구상이라고 해도 추진하는 주체가 사람인 이상 사람들의 사고가 전환되지 않으면 들어가는 비용에 비해서 그 효율성이 떨어지기 마련이다.

언어와 사고의 국제화는 어렸을 때부터 훈련해야만 가능하다. 영어를 공용화할 수 있으면 더욱 좋겠지만 현재 우리 상황으로는 거의 불가능해 보이기 때문에 필자는 초등학교 1학년 때부터 매일 한 시간씩이라도 영어를 가르치자는 주장을 해오고 있다. 세계화시대의 주인공이 되기 위해서 가야 할 길이라면 빨리 길을 떠나는 것이 현명하기 때문이다.

언어를 국제화하면 사고의 국제화는 자연스럽게 뒤따라올 수 있을 것이다. 언어와 사고의 국제화야말로 모든 계획의 근간이 되어야 한다.

환차손익

외화로 표시된 매출채권이나 외상매입채무에 대해 자국통화로서의 손실 혹은 이익이 발생한 것을 말한다. 달러와 같은 외화를 기준으로 무역을 할 경우 자국이나 무역 상대국의 환율이 변동할 때 주로 발생한다. 수출 계약이 성립된 후 원화가 평가절하되었을 경우 아직 입금되지 않은 수출채권에는 절하된 만큼 환차이익이 생긴다.

'21세기 한국의 국가경쟁력' 보고서

산업정책연구원이 발표한 보고서 '21세기 한국의 국가경쟁력' 에 의하면, 우리나라의 국가경쟁력은 24위이다. 그런데 여러 가지 주변 조건과 노력이 가미되면 중기적으로는 11위 장기적으로는 3위까지 도약할 수 있다는 것이다.

현재 세계의 국가경쟁력 순위는 미국이 1위, 싱가포르가 2위, 홍콩 3위, 스웨덴 4위, 영국 5위, 독일 6위, 일본 7위, 핀란드 8위, 아일랜드 9위 그리고 프랑스가 10위이다.

보고서에 따르면 "경제가 정치적 목적으로 이용되는 것을 근절하고 은행이 수익산업으로 자리잡는 한편 기업경영의 투명성이 확보되면 우리의 국가경쟁력이 두 단계 오르게 되고" 이후에 "노동관련 법규가 현실화되고 외국인투자가 유인되면 19위까지 오를 것"이라고 전망하고 있다. 이어서 "투자재원을 인프라스트럭처 등 관련 지원산업에 집중해서 기업가와 전문가가 최선의 역량을 발휘하게 되면 국가경쟁력이 11위까지 상승할 것"이라고 전망하고 있다.

또 "경제에 대한 정치적 논리를 배제하고 은행이 국제적 금융산업으로 탈바꿈하면 경쟁력이 9위로 오르고 외국자본·업체들이 동등한 대우를 받으면 인프라스트럭처 등 각종 지원산업이 자연스럽게 성장하여 4위까지 오를 것"이라며 "이런 토대에서 기업가와 전문가가 최선의 역량을 발휘하게 되면 우리 국가경쟁력이 3위까지는 상승할 것"이라고 보고 있다. 반면에 "생산효율만 중요시하는 일본식 전략을 지속해 중국과 경쟁을 계속한다면 한국의 국가경쟁력은 41위까지 하락할 가능성이 있다"고 밝히고 있다.

이 보고서의 내용을 간추리면 "지금부터 정부, 기업과 국민이 어떻게 노력하느냐에 따라 우리의 장래가 결정된다"라고 할 수 있을 것이다. 즉, 우리의 가능성을 이해하고 자신감을 갖고 여러 가지 환경과 여건을 개선하는 노력을 온 국민이 함께 한다면 국가경쟁력이 상위권에 진입할 수 있다는 이야기이다.

우리가 흔히 공부 잘하는 방법을 이야기할 때 "예습, 복습 잘하고 공부 시간에 선생님 말씀을 잘 듣고 꾸준히 노력하면 우등생이 될 수 있다"고 말할 때와 같은 느낌이다. 중요한 것은 방법을 모르는 것이 아니라 굳은 결심으로 매일 실천에 옮기느냐다.

가장 중요한 것은 역시 정치가와 행정가들의 국가경쟁력에 대한 이해와 의지 그리고 앞에서 실천하는 모범이라고 할 수 있다. 앞에서 열거한 10위 국가들을 살펴보면 대부분 정치 선진국들이라는 사실이 그것을 증명해준다.

기업인들 중 성공하고 싶지 않은 사람이 어디 있겠는가! 그들은 항상 최선을 다해 기업경영의 성공을 위하여 불철주야 뛰고 있다. 정치인들과 행정가들이 기업인들에게 방해 요인으로 작용하지 않으면 이미 선진국에 진입했다고 해도 과장된 발언은 아닐 것이다.

우등생이 되려고 열심히 공부하고 있는 자녀를 둔 부모가 매일 술에 취해서 자녀에게 주정이나 부린다면 그가 우등생이 될 수 있겠는가?

우리나라의 국가경쟁력 향상을 위한 첫 번째 과제는 역시 정치와 행정의 경쟁력 제고에 있다고 할 수 있겠다.

저성장 경제시대가 다가온다

2004년도 경제성장률이 5%를 밑돌 것 같다는 경제전망치가 나오면서 많은 사람들이 지금까지의 고성장률이 아니기 때문에 경제가 침체되는 것이 아닌가 걱정하는 말을 자주 듣게 된다.

1960년대 이후 한국경제는 두 자리 숫자의 경제성장을 지속해오다가 1980년대에 들어서면서 조금 낮아졌지만 8%대를 유지해왔고 1990년대에 들어서면서 6.8% 선이었기 때문에 늘 경제성장은 7~8% 정도를 해야 한다는 생각들을 가지고 있는 것 같다.

그럴 때면 필자는 사람의 성장을 예로 들어 다음과 같이 설명하곤 한다. 사람이 태어나 17~18세가 될 때까지는 키가 상당히 빨리 크지만 일정기간이 지나게 되면 성장이 상당히 더디어지거나 멈추게 되는 것이 상식이듯이 국가의 성장 또한 마찬가지이다.

미국과 일본 그리고 유럽연합과 같은 선진국의 경우는 경제

총액임금제

노동부가 '1992년 임금교섭지도지침'을 통해 발표한 임금정책이다. 근로자가 1년간 고정적으로 받는 기본급, 통상적 수당, 정기적 상여금, 연월차수당 등을 합산해 12로 나눈 액수가 1개월의 총액임금인데, 이를 기준으로 노사가 임금인상률을 결정하게 하는 제도이다. 연장근로수당이나 야간근로수당, 휴일근로수당과 경영성과에 따라 지급되는 성과급적 상여금 등은 총액임금에서 제외된다.

성장률이 3% 정도가 되는 것도 만만치가 않다. 그들은 이미 경제의 성장구조가 사람으로 치자면 청년기를 넘어 장년기로 가고 있기 때문이다.

반면에 우리나라 경제구조는 이제 청년기로 접어들고 있기 때문에 앞으로는 저성장시대를 맞이하게 될 것이다. 이와 같은 한국의 경제성장 단계와 더불어 세계경제도 전체적으로 저성장 시대를 맞이한 것이 우리 경제성장에 부정적인 영향을 미치고 있다.

최근 세계경제의 저성장은 경기순환과정에서 나타나는 저성장이 아니라 장기적으로 이어질 것이라는 예측이 지배적이다. 여기에는 크게 두 가지 요인이 거론되고 있다. 하나는 세계적인 공급과잉 문제로서 주요 산업의 생산시설의 과잉투자로 인해 공급이 과잉되고 있어서 물가가 하락하여 저성장을 유도하고 있다는 것이다. 다른 하나는 인구증가율의 둔화를 들고 있는데 과거에 비해서 인구증가율이 현저히 낮아져서 성장이 둔화되고 있기 때문인 것이다.

위에 열거한 요인들을 감안해볼 때 우리나라의 경제성장률이 과거처럼 높은 수치가 되기는 어려울 것 같다. 많은 국내경제학자들은 우리의 잠재 성장률을 5% 정도로 보고 있다. 잠재성장률이란 인플레이션을 유발하지 않는 수준에서 우리가 이룰 수 있는 적정성장률을 말한다. 다시 말해서 노동, 자본, 토지 등 생산요소의 가격이 변동하지 않으면서 생산요소를 모두 투입해서 달성할 수 있는 최적의 성장률이다.

따라서 2004년도에 4.8%의 성장률이 기대된다는 것은 우리의 잠재성장률 이상의 성장을 하게 된다는 것을 의미하게 되어 얼마간의 인플레이션은 있을 것이다.

한 나라의 실질성장률이 잠재성장률 이하가 된다면 최적의 성장을 하지 못했음을 보여주는 것이다. 따라서 우리의 2004년도 경제성장률 목표인 4.8%도 좋은 수치임을 이해하고 저성장 시대에 대한 이해와 적응노력이 있어야 할 것이다.

네티켓
(netiquette)
인터넷과 에티켓의 합성어로 인터넷 사용에 필요한 예절을 일컫는다. 타인을 배려하고 불필요한 트래픽을 일으키지 않으며 타인의 네티켓 위반에 과잉 반응을 보이지 않는 것 등을 말한다.

한국, 자유무역협정 대열에 들어서다

한국이 비로소 FTA(Free Trade Agreement), 즉 자유무역협정 대열에 들어서게 되었다. 지금 전세계에는 250여 개의 자유무역협정이 체결되어 있으나 우리나라는 그동안 한 나라와도 이를 맺지 못해 국제통상무대에서 외톨이로 남아 있었던 것이다.

요즈음 세계 무역협상은 WTO(World Trade Organization: 세계무역기구)를 중심으로 한 다자간 협상과 FTA로 대표되는 양자간 협상으로 나뉜다.

자유무역협정은 경제통합의 한 형태로 당사자국 간의 상품과 서비스 교역에 있어서 관세와 무역장벽을 없애는 것을 목적으로 맺는 협정을 말하며, 이 협정을 체결하게 되면 양국 간의 교역이 증가하게 된다. 마치 한 시장처럼 모든 상품과 서비스가 자유롭게 이동할 수 있기 때문이다. 관세가 사라진 만큼 상품수출이 늘어나고 상대국의 값싼 원자재 등을 들여와 생산비를 낮출 수 있기 때문에 수출경쟁력을 제고할 수도 있다.

칠레는 우리나라와 가장 먼 곳에 있는 나라이다. 낮과 밤이 다르고 계절이 정반대이며 산업구조도 다르다. 바로 이 점 때문에 칠레가 우리나라의 첫 번째 FTA 상대가 될 수 있었던 것이다. Win-Win이 가능하기 때문이다. 이번 협정을 체결하는 데 3년 정도가 걸렸는데, 이는 FTA 체결이 그만큼 어렵다는 것을 말해준다.

전세계에서 가장 성공적으로 진행되고 있는 자유무역협정의 예는 EU(European Union: 유럽연합)의 15개국의 협정과, 북미 3개국이 체결한 NAFTA(North America Free Trade Agreement: 북미 자유무역협정)이다. 아시아에서는 ASEAN(Association of South-East Asian Nations: 동남아 국가연합) 등을 들 수 있다.

세계의 많은 국가들이 앞다투어 FTA를 체결하는 이유는 각국의 경쟁력을 제고하기 위해서이다. 혼자서 해결하기 쉽지 않은 일을 상호 협조하여 이루어내고자 하는 것과 같은 맥락이라고 볼 수 있다. 각국이 가지고 있는 장점을 교환하고 단점을 보완하는 전략인 것이다. 경제의 해외의존도가 70% 이상인 한국은 당연히 세계 많은 국가들과 협조를 다각적으로 모색해야 한다.

우리의 단점을 보완하고 양보할 것은 양보하며 받아들일 것은 과감하게 받아들이는 자세가 필요하다. 농산물의 경우도 마찬가지다. 우리 농산물 중에 경쟁력이 없는 것은 경쟁력이 제고될 수 있도록 정부에서 지원하고 가이드해주며 때로는 과감하

특별공시기준
국제자본시장에서의 투명성을 높이기 위해 국제금융시장에서 차입하고 있는 회원국의 경제 및 금융관련 통계를 IMF가 요구하는 형식에 맞춰 공시하는 제도이다. 1996년에 신설됐으며 우리나라도 참여하고 있다.

게 버릴 수도 있다는 긍정적인 자세가 필요하다. 잃는 것보다 얻는 것이 많으면 우리 경제에는 플러스가 되기 때문이다.

21세기 세계화시대 힘의 이동

 21세기에는 여러 분야에서 새로운 변화가 일어날 것이지만 세계경제의 흐름 중에 우리가 직접 체험하게 될 것으로 예상되고 우리 생활에 가장 큰 영향을 줄 파고는 역시 세계화일 것으로 보인다.

 이러한 변화는 1994년도에 타결된 우루과이라운드(UR) 협상에서 개방화의 큰 가닥을 잡았으며 최근의 뉴라운드 협정에서 한 걸음 더 앞으로 나아가는 등 그 파고의 진면목을 실감하고 있는 것이다.

 세계시장의 개방을 전제로 하는 세계화가 추진되고 있는 배경은 자유무역에 의한 세계시장의 개방이 세계 각국이 지니고 있는 비교 우위산업에서의 특화와 건전한 경쟁력의 제고로 보다 큰 파이(pie)를 창출해내어 60억 인구가 보다 풍요로운 삶을 영위할 수 있다는 이론적 근거에서 찾을 수 있다. 또한 정보통신기술과 교통수단의 발달이 이러한 세계화를 급속하게 진전

가이드라인 정책 (guideline policy)

임금과 물가 결정에서 정부가 과거의 생산성 상승률 수치를 가이드 포스트로 표시하여 임금, 물가상승이 국민경제의 생산성 상승률을 넘지 않도록 민간기업과 노동조합을 지도하는 정책을 말한다.

시켜주고 있다.

영국의 역사학자 토인비는 21세기 세계화시대에는 '거리의 파괴(Annihilation of Distance)'가 일어날 것이며, 미국 하버드 대학의 라이샤워 교수는 '공간의 축소(Shrinkage of Space)'가 우리 생활 깊숙이 스며들 것이라고 예언한 적이 있다.

이러한 경제적 · 사회적 변화는 우리에게 당연히 새로운 가치관과 행동양식의 변화를 요구하게 될 것이며 이러한 변화를 극복하지 못하는 사람과 국가는 21세기의 주역이 되기 어려울 것이다.

2차 세계대전 이후 지금까지 미국이 세계경제의 주도권을 행사해왔으며 어느 나라도 미국에 도전할 수조차 없는 형국이었던 것이 사실이다. 미국의 독주를 막기 위해서 유럽의 여러 나라가 힘을 합하고 있지만 역부족인 것이 현실이다.

이러한 상황 속에서 21세기에 들어서면서 세계화의 큰 흐름 속에 힘차게 부상하고 있는 국가가 있으니, 바로 중국이다. 중국은 전세계에서 국토의 크기로 치자면 러시아와 캐나다에 이어 3위이며, 공식 인구 13억의 거대한 국가로 경제전의 전면에 나서고 있는 것이다.

중국은 많은 미래학자들이 "2005년이면 국민 총생산액 기준으로 미국을 능가할 가능성이 있으며 2025년경에는 1인당 GNP도 미국을 능가할 수 있는 지구상의 유일한 국가"라고 예견하고 있는 나라이다.

이러한 거대 시장 중국의 부상은 지금까지 미국과 일본 의존형이던 한국경제에 대단히 중요한 전환점을 제공할 것이다. 왜냐하면 중국은 우리에게 거리의 근접성으로 매우 효율적인 비즈니스 파트너가 될 수 있으며 더욱이 우리의 기술수준과 자본력이 아직은 우위에 있다고 할 수 있어 리드가 가능하기 때문이다. 중요한 것은 상대방이 아주 빠른 속도로 부상하고 있고 워낙 거대한 국가이기 때문에 우리가 보다 신속하게 리드하고 대응해야만 우리에게 다가온 좋은 기회를 잘 활용할 수 있다는 사실이다.

중국의 부상으로 세계는 미국과 중국을 중심으로 유럽연합과 일본이라는 큰 구도로 힘의 이동이 이루어질 전망이다. 특히 미국과 중국이라는 양대 산맥으로 동서가 대치하는 형국이 될 가능성이 크다고 할 수 있다.

일반적으로 초강대국이 되려면 지하자원과 인적 자원 모두 비교우위에 있어야 하는데 미국에 이어서 두 가지 조건을 충족시킬 수 있는 국가가 중국이기 때문이다. 과거 소련의 경우도 두 가지의 조건이 충족되어 한 시대를 미국과 함께 풍미했으나 인적 자원의 쇠퇴로 이미 퇴조 현상을 보이고 있다.

이에 반해 중국은 두 가지 조건을 모두 충족시킬 수 있는 여건에 있기 때문에 세계인의 관심을 모으고 있다. 2차 세계대전 이후의 미국의 독주를 막으며 세계경제의 주역으로 부상하고 있는 중국은 연평균 경제성장률이 8% 이상이며 GNP기준으로는 세계 7위이다.

세계화시대의 주역이 되기 위해서는 세계화의 방향을 명확하게 인식하고 이에 따른 전략을 세우며 경쟁력을 갖추기 위하여 노력해야 한다. 그리고 경쟁력을 갖추기 위해서는 우선적으로 인력이 세계화되어야 하는데 인력의 세계화는 언어와 사고의 세계화라고 할 수 있다. 언어의 세계화를 위한 첫 번째 언어는 당연히 영어이며, 그 이외에 세계경제의 중요 국가로 떠오르고 있는 중국의 언어를 필자는 권하고 싶다.

물론 두 가지 외국어가 아니더라도 각자의 취향과 전문 분야의 특성에 맞는 외국어의 습득은 꼭 필요하므로 국민 모두 하나 이상의 세계어를 구사하게 될 때 우리의 글로벌 경쟁력은 향상될 것이다.

그리고 사고의 세계화가 이루어져야 한다. 사고의 세계화란 우리 중심적인 사고에서 벗어나 세계가 하나의 거대한 시장으로 변하고 있는 상황에 맞게 사고를 상대방 중심으로 하는 노력을 말한다.

이를 위해서 우리는 상대방의 역사와 관습 등을 다각도로 이해하고 그들의 사고와 우리의 사고 사이의 괴리감을 좁혀나가도록 노력해야 한다. 이러한 노력을 통해서 우리는 진정한 의미의 세계인이 되고 경쟁력이 있는 인재가 될 수 있다.

언어와 사고의 세계화는 어릴 때 시작할수록 효과가 크기 때문에 성인들은 스스로 노력하고 아울러 자녀들에게 그러한 기회를 일찌감치 주도록 여러 가지 측면에서 배려해야 한다.

이러한 세계화 노력의 결과로 세계의 자원 부국들과의 경쟁에서 당당히 승리하여 부국의 위치에 오른 싱가포르를 통해 우리는 생생한 교훈을 얻을 수 있다.

21세기는 무한경쟁의 시대로 준비된 사람이나 국가에게는 커다란 가능성과 부를 가져다줄 것이지만 반대의 부류에게는 고통과 파멸을 가져다줄지도 모르는 기회와 위기가 상존하는 시대인 것이다.

중국이 부상하고 힘의 이동이 변하고 있는 새로운 시대에 새로운 가치관을 갖고 자기 무장을 한다는 것은 지극히 당연한 일이다. 따라서 우리 모두 21세기의 주역이 되도록 언어와 사고의 세계화를 위해 노력을 경주했으면 한다.

세계 원유시장을 파악하라

원유는 우리 생활에 필수 불가결한 아주 중요한 자원으로 원유 없이는 하루도 살아갈 수 없을 정도이다. 그런데 우리나라는 원유가 한 방울도 나지 않아서 늘 해외 원유 가격의 동향에 신경을 곤두세워야 한다.

그래서 우리는 과연 세계에는 어느 정도의 원유가 있으며 누가 얼마나 가지고 있는지 늘 관심을 둘 수밖에 없다.

전세계적으로 2001년 말 기준 약 1조 배럴 정도의 원유가 매장되어 있는 것으로 추정하고 있는데, 세계는 연간 270억 배럴 정도의 원유를 소비하고 있기 때문에 현재의 매장량을 현재의 소비량으로 단순하게 환산하면 약 40년 정도 쓸 원유가 있는 셈이다. 하지만 매년 새로운 유전이 발견되고 있으며 대체 에너지가 개발되고 있기 때문에 몇 세대는 더 쓸 수 있을 것으로 전문가들은 내다보고 있다. 그러나 결국 원유는 고갈될 수밖에 없는 자원이다.

세계 230여 나라 중에서 104개 나라에서 원유가 발견되어 생산하고 있는데 그 중 원유매장량이 가장 많은 나라는 사우디아라비아로 2,600억 배럴 정도 가지고 있어 세계 전체의 4분의 1을 차지하고 있다. 2위가 이라크로 1,120억 배럴을 가지고 있어 전세계의 약 11% 정도를 차지하고 있다. 3위는 이란으로 990억 배럴(약 9.9%), 아랍에미리트가 4위로 970억 배럴(약 9.7%), 쿠웨이트가 960억 배럴(약 9.6%)로 5위, 베네수엘라가 650억 배럴(약 6.5%)로 6위를 차지하고 있다.

미국은 223억 배럴(약 2.2%)로 11위, 중국은 240억 배럴(약 2.4%)로 10위이며 러시아는 485억 배럴(약 4.8%)로 8위이다. 원유는 하루에 7,600만 배럴 정도가 생산되고 있는데 이 중에서 사우디아라비아가 780만 배럴로 약 10% 정도를 생산하고 미국이 2위로 670만 배럴을 생산하고 있으며 3위가 러시아(650만 배럴), 4위가 이란(366만 배럴), 5위가 중국으로 약 320만 배럴 정도를 생산하고 있다.

일반적으로 세계 원유시장에 가장 강력한 영향을 미치고 있는 국제기구는 OPEC(석유수출국기구)로서 1960년에 5개국으로 결성되어 1962년에 UN에 등록한 후 지금은 11개국이 회원국이다(알제리, 인도네시아, 이란, 이라크, 쿠웨이트, 리비아, 나이지리아, 카타르, 사우디아라비아, 아랍에미리트, 베네수엘라). 이 11개 회원국이 보유하고 있는 매장량은 세계 매장량의 78% 정도이며 생산량의 40% 정도가 되는 큰 규모이다. 그러나 실제로 전세계의 주요 유전에 투자하고 있는 미국의 지분이 상당히 높기 때문에 미국이 전세계의 매장량에서 차지하는 비율은 2.2%에 불과하지만 영향력은 매우 크다고 할 수 있다.

참고로 전세계에서 사용되고 있는 에너지 중의 40%가 원유이며 26%가 가스, 26%가 석탄과 같은 고체 원료이고 8% 정도가 수력·원자력에 의한 것이기 때문에 원유의 중요성은 아직도 대단하다.

한국은 하루에 약 250만 배럴의 원유를 수입하고 있으므로 연간 소요량은 약 9억 배럴 정도 된다. 따라서 국제 원유가격이 1달러 상승하게 되면 1년에 추가로 들어가는 외화는 10억 달러가 되어 한국경제에 지대한 악영향을 미치게 되는 것이다. 한국이 하루에 도입하는 250만 배럴은 세계에서 생산하는 전체 원유 중의 30분의 1 정도 되는 물량이다. 따라서 한국은 지속적으로 해외 유전개발에 참여하여 우리 지분을 확보하는 것이 필요하며 에너지의 중요성을 인식하여 에너지 사용을 자제할 필요가 있다.

우리에게 뉴라운드 출범은 어떤 의미인가?

21세기 새로운 세계무역질서를 정하게 될 다자간 무역규범인 뉴라운드(가칭 도하라운드)가 공식 출범했다. 세계무역기구는 2001년 11월 14일 오후(카타르 현지시간) 일정을 하루 넘기는 마라톤협상을 한 끝에 전체 회원국 회의를 열어 아홉 번째 다자간 국제통상규범인 뉴라운드의 출범을 선언하는 각료회의 선언문을 채택하였다.

이에 따라 각국은 선언문의 규정에 따라 3년 동안 후속협상을 해서 구체적인 개방계획을 확정한 뒤 2005년 1월 1일부터 시행해야 한다.

특히 농업 분야에서는 한국이 주장해온 '점진적인 개방' 원칙이 받아들여지지 않고 '실질적인 관세감축'을 골자로 하는 시장개방안이 확정되었고 회원국은 2003년까지 국내 농산물 시장 개방계획(양허안)을 제시해야 한다.

따라서 우리나라는 앞으로 후속 협상에서 2년 안에 현재 평

고코드(go code)

현재 대부분의 상품에 부착돼 있는 바코드를 발전시킨 차세대 기술을 말한다. 상품이나 인쇄매체에 신문활자 크기로 인쇄하거나 부착, 인터넷과 연결된 '고코드 리더'로 판독하면 해당 상품의 각종 정보를 파악할 수 있다.

균 62%인 농산물 관세율을 크게 낮추는 등 대폭적인 농산물 개방 계획을 마련해야 하는데 국내 농업의 조기 시장 개방에 따른 타격이 우려된다.

뉴라운드의 출범은 그동안 우루과이라운드 이후에 세계가 추진해온 세계화의 본격적인 돌입을 알리는 것이며 각국의 통상장벽을 낮추고 궁극적으로는 지구촌의 통합경제로 나아가는 출발점이 된다는 것을 의미한다.

이러한 뉴라운드의 출범은 한국에게 기회이자 위협이라고 할 수 있으며 '총성 없는 교역전쟁'이 더욱 치열해질 것임을 예고하는 것이다.

뉴라운드 협상에 따라 세계의 관세율이 평균 33% 낮아지게 되면 세계적으로 해마다 6천억 달러의 추가적인 교역효과가 있을 것으로 전망되고 있으며 한국의 경우도 연간 140억 달러의 효과가 있을 것으로 미국 미시간 대학이 추정했다.

국내총생산의 73%가 대외무역과 관련이 있는 수출주도형 산업구조인 한국으로서는 공산품 관세인하와 서비스 시장의 개방으로 더욱 넓어진 국제시장을 겨냥한 진출이 활발해질 것으로 전망된다.

하지만 문제는 농업이라고 할 수 있다. 시장을 대폭적으로 추가 개방해야 하기 때문에 상당한 피해가 예상된다. 법률, 의료, 교육 등 아직 전면적으로 개방되지 않은 서비스 분야도 이제 보호의 우산을 걷고 외국과 경쟁해야 하는 시대가 다가온 것이다.

우리처럼 해외 지향적인 산업구조를 가지고 있는 나라는 잃는 것보다 얻는 것이 더 많은 것이 사실이다. 중요한 것은 우리가 얻는 것으로 잃을 수 있는 분야에 대한 폭 넓은 배려와 지원책이 강구되어야 한다는 것이다. 농업 분야에서 우리 농산물은 특수한 경우를 제외하고는 외국과의 경쟁력이 없다고 해도 과언이 아니다. 경쟁력이 없는 분야는 경쟁력이 있게 지원하든지 아니면 과감하게 다른 산업으로 유도해야 한다.

법률, 의료, 교육 분야도 개방으로 인해 당분간 어려움을 겪겠지만 자생력의 회복과 함께 질 좋은 서비스를 제공하는 집단으로 변신할 수 있는 좋은 기회라는 인식을 우리 모두 해야 할 것이다.

노동생산성과 국제경쟁력

기업정보를 증권사 애널리스트나 펀드매니저 등 특정인에게 먼저 제공하는 것을 금지하는 제도이다. 주가에 영향을 미치는 정보를 모든 투자자에게 동시에 알리도록 하는 것으로 해당기업의 투자자를 보호하고 주식시장의 불공정거래를 근절하기 위한 조치이다.

최근 자료에 따르면 우리나라 노동생산성이 선진국에 비해서 상당히 낮은 것으로 나타났다. 이렇게 생산성이 낮다는 이야기는 우리의 국제경쟁력이 낮다는 의미이다. 우리나라 근로자 2명이 생산한 것이 미국의 근로자 1명이 생산한 것과 같다는 것을 보면 양국의 경쟁력이 얼마나 큰 차이가 나는지 쉽게 알 수 있다. 즉, 우리나라 근로자 2명이 나름대로 열심히 일을 해서 만들어낸 부가가치가 미국 근로자 1명이 생산해낸 것과 같은 수준이니 그 효율성의 차이가 상당히 큰 것이다.

이와 같은 노동생산성은 좁게는 근로자들이 만들어내는 제품이나 서비스의 경쟁력이 낮다는 것을 의미하며, 넓게는 국가의 경쟁력이 낮다는 것을 뜻한다. 따라서 한 국가의 노동생산성을 높이는 일은 곧 그 국가의 국제경쟁력을 높이는 일인데 생산성을 높이는 일은 근로자 혼자서 해내야 할 일은 아니다.

근로자는 본인이 맡은 일에 관한 한 세계 어느 국가의 같은 업종에서 근무하는 근로자들보다 효율적으로 일할 수 있도록 연구와 노동의 강도를 더할 필요가 있다. 기업은 근로자들의 근로 여건과 환경을 체계적으로 개선하여 효율성을 근본적으로 제고할 수 있도록 해야 한다. 그리고 정부는 사회간접자본의 효율적인 투자와 국가적인 재교육시스템을 체계적으로 운영해야 할 것이다. 이와 같이 근로자, 기업 그리고 정부가 삼위일체가 되어 노력하여야만 노동생산성을 효율적으로 높일 수 있는 것이다.

이 같은 노력이 잘 되는 국가는 국제경쟁력이 향상되어 국제시장에서 우위를 점하게 되고 선진국으로 진입하게 될 것이다. 반면 그렇지 못한 국가는 상대적으로 저소득 국가군에 머물게 될 것이다.

개인의 생활도 마찬가지이다. 개인의 생산성을 제고시킬 수 있는 사람은 경쟁력이 있는 사람으로 남들에 의해 높이 평가되어 많은 봉급을 받는 반면 그렇지 못한 사람은 상대적으로 적은 봉급을 받을 것이다. 개인의 생산성 향상을 통한 경쟁력 제고는 본인의 노력에 전적으로 좌우된다고 할 수 있다. 개인은 사회의 흐름을 파악하고 사회에서 필요로 하는 능력이 무엇인지를 인식한 후에 자신이 가고자 하는 계통에서 경쟁력을 갖추기 위한 자기 노력을 꾸준히 해야 한다.

개인경쟁력의 제고는 조직경쟁력의 제고를 의미하게 되며

관리변동환율제

고정환율제의 중간 형태로서 각국이 적정하다고 판단되는 수준에서 환율을 안정시키기 위하여 중앙은행이 외국환시장에 개입하는 제도이다. 대부분의 국가가 채택하고 있으며 그 목적은 환투기에 의한 불안정한 요인의 배제와 감소이다.

조직경쟁력의 합이 국가경쟁력이 되는 만큼 노동생산성을 높이는 노력은 개인경쟁력의 제고로 국가경쟁력을 높이는 일이 되는 것이다.

외국상품에 대한 인식을 바꿔라

요즈음 우리나라에서 팔리고 있는 외국산 담배의 시장 점유율이 20% 가까이 되는 것으로 나타났다. 5명 중에 한 사람은 외국산 담배를 피우고 있다는 이야기다.

길에 다니다 보면 외국산 수입차량도 전에 보다 눈에 많이 띄고 있다. 사실 우리나라 사람들은 외국산을 쓴다고 하면 이상하리 만큼 알레르기 반응을 보인다.

심지어 외국산 수입차는 잘못 주차해 놓는 경우에 차가 심하게 손상되는 경우가 종종 있다는 보도도 있었다. 우리나라 사람들의 국산품 애용에 대한 생각이 강해서이기도 하겠지만 필자의 생각으로는 많은 사람들의 의식이 세계화 수준에 못 미치기 때문이라고 여겨진다.

우리가 1년에 수출하는 수출액이 약 1,600억 달러에 달하는데 수입하는 금액도 이에 못지않게 많다. 하지만 수출입의 내용을 살펴보면 우리가 수입하는 대부분이 수출용 원자재이거나

**교차판매
(cross selling)**

은행들이 자체 개발 상품만을 판매하던 데서 탈피해 전문성과 경쟁력을 갖추지 못한 분야의 상품은 그 개발과 운용을 과감히 외주에 맡기는 대신 타금융기관이 개발한 상품을 적극적으로 함께 판매하는 방향으로 상품 관련 사업 모델을 수정하는 현상을 말한다.

산업용 기자재이고 석유, 식량과 같은 불요불급한 경우인 반면
에 수출하는 것은 대부분 완제품이 많아 다른 나라로 가면 소비
재인 경우가 많다.

세계화시대에 230개 국가는 서로 비교 우위에 있는 물건을
교역하면서 국제사회에서 경제활동을 하고 있다는 사실을 감
안한다면 우리나라가 다른 나라의 물건을 수입해서 쓰는 것은
지극히 당연한 일인 것이다. 그런데 다른 국가의 사람들이 우리
나라 물건을 수입해서 쓰는 것은 환영하면서 우리 국민이 외국
산 물건을 사서 쓰는 경우에는 죄악시하는 것은 잘못된 균형감
각이라고 할 수 있다.

처음 외국산 담배가 수입되었을 때 많은 사람들이 외국산 담
배를 피우면서 남의 눈치를 보던 때가 있었지만 요즈음 많이 자
연스러워진 것은 좋은 의미에서 국민들의 세계화 수준이 향상
되었다고도 할 수 있다.

물론 국산 담배의 경쟁력도 제고하려는 노력이 있어서 질도
많이 개선된 것 같아 다행이다. 자동차도 마찬가지이며 다른 외
국산 물건들도 마찬가지이다. 적절한 수준에서 외국산의 국내
반입은 국내제품의 경쟁력도 제고해줄 수 있기 때문에 긍정적
인 측면도 있다.

세계화시대에 우리 혼자 독립적으로 살 수는 없다. 우리나라
의 경우는 70% 이상이 외국 의존형 경제이기 때문에 더욱 그러

하다. 중요한 것은 세계화 감각을 가지고 상대방의 장점을 잘 받아들이고 우리의 경쟁력을 더욱 제고시키는 데로 국민들의 힘을 모으는 것이다.

우리의 경제 투명성은 바닥이다

어느 나라나 사람이 사는 곳이면 크든 작든 간에 부정이 있게 마련이다. 다만 그 정도의 차이가 있을 뿐이다. 아마 부정이 전혀 없는 곳은 이 세상에는 존재하지 않을지도 모른다. 하지만 지나치게 부정이 많이 개입되는 곳에서 살아가는 것은 참으로 고달프고 짜증나는 일임에 틀림없다.

국가 부정의 정도를 측정하는 국제기구인 국제투명성기구의 최근 조사결과에 따르면 우리나라가 조사대상 90개국 가운데 50위를 차지했다. 덴마크는 10점 만점에 10점을 받아 3년 연속 세계에서 가장 깨끗한 국가로 인정을 받았다. 그런데 그 비결은 엉뚱하게도 엄청나게 무거운 세금을 부과한 데 있다고 한다. 국민 전체가 소득의 55%를 세금으로 내다보니 국가가 세금을 올바르게 쓰고 있는지를 국민들이 감시하여 부정이 많이 없어지고 사회가 맑아졌다는 이야기이다.

이처럼 투명성은 신뢰성과 직결되며 투명성이 높다는 것은

국민부담률

국민이 1년간 부담한 조세와 각종 사회보장기여금이 국내총생산에서 차지하는 비중을 말하며, 조세 부담률과 사회보장 부담률을 합해 계산한다.

그 국가에서 경제활동을 하기가 아주 편하다는 것을 의미한다. 투명성이 낮은 나라에서 경제활동을 하게 되면 각종 관공서나 거래상대자들과 관계를 유지하는 데 여러 가지 눈에 보이지 않는 불필요한 비용이 많이 발생하게 되고 더 많은 시간이 소요되며 쓸데 없는 신경을 많이 쓰게 된다.

우리나라의 투명도가 50위인데 비해서 홍콩은 15위, 일본은 23위 그리고 대만은 28위를 마크하고 있으니 우리의 경쟁력이 매우 낮을 것이라는 추측이 가능해진다.

국가의 투명도는 정치인을 포함한 정부의 투명도와 기업의 투명도로 크게 나눌 수 있다. 우리 정부의 투명도는 최악의 상태에서 벗어나 조금 나아지고 있는 과정에 있다고 할 수 있으며 기업의 투명도도 정부 부문보다는 좀 나은 것으로 인식되고 있다. 그러나 아직도 선진국에 비해 투명도가 많이 떨어지는 것이 우리의 현실이다.

최근 주한 미상공회의소 제프리 존스 회장은 한국 기업들 가운데 믿을 만한 곳은 불과 열 손가락 안에 꼽을 수 있을 것이라고 말한 적이 있다. 이는 외국인이 보기에는 한국기업 중에 바르고 투명하게 기업경영의 모든 것을 밝히고 있는 기업이 아주 적다는 것을 뜻한다. 기업의 투명성이 낮으면 기업에 투자할 사람들의 신뢰를 얻을 수 없기 때문에 투자를 유치하기가 어려울 뿐만 아니라 국제사회에서 자금을 차입하는 데도 불리할 수밖에 없다.

따라서 기업을 투명하게 경영하려는 노력과 기업의 활동을 원칙에 입각하여 투명하게 지원하는 정부의 시스템이 하나가 될 때 우리 기업의 국제경쟁력은 향상될 것이다.

핀란드의 글로벌 경쟁력을 벤치마킹하라

우리나라가 치열한 글로벌 경쟁에서 살아남는 길은 국가경쟁력을 높이는 것이다.

핀란드는 520만 명의 인구를 가지고 있는 나라로서 1인당 GDP가 2만 3,304달러에 달하는 선진국이다. 국가 전체의 GDP는 1,340억 달러로 비교적 규모가 작은 국가이지만 국가경쟁력 제고를 위해서 국가와 국민이 하나가 되어 최선을 다한 모범적인 국가라고 할 수 있다. 1998년에는 국가경쟁력 순위가 15위였던 핀란드가 세계경제포럼이 발표한 경쟁력 순위에 의하면 2001년도는 1위, 2002년에는 2위를 유지하는 최고의 국가경쟁력을 가진 국가로 발돋움한 것이다.

세계경제포럼에서 핀란드가 1위를 기록한 분야는 산학협동, 첨단 제조방식, 다양한 학교 교육환경, 학교의 인터넷 보급률, 기술혁신 능력, 고유제품 개발능력, 인터넷 업체 간 경쟁수준, 정실주의의 배제 등 총 188개 분야 중에서 26개 분야이다.

귀족 마케팅 (noblesse marketing)

VIP고객을 대상으로 차별화된 서비스를 제공하는 마케팅으로, e-귀족마케팅이라고도 한다. '오직 당신만을 위한다'는 차별화된 서비스를 모토로 구매력 높은 고객을 잡기 위한 마케팅 전략이다.

세계포럼이 발표한 2002년 국가경쟁력 순위에서 핀란드가 2위에 오른 가장 큰 이유는 효율적인 산학 협력 때문이라고 설명하고 있다.

핀란드는 1992~93년 최악의 경제위기 이후에 대대적으로 교육개혁을 단행, 전국 200여 개의 전문대학을 29개로 통폐합해서 4년제 기술대학(Polytechnics)을 세웠다. 대부분의 교육은 철저히 실무 위주로 진행된다. 기술대학 교수 5,000명 중에서 1,500명은 박사학위가 없을 정도이다. 기업이 원하는 인재를 소위 '맞춤식 실전교육'으로 길러서 사회에 공급하겠다는 것이다. 또한 4년제 기술대학들은 기업체 요구를 받아들여 영어로만 수업하는 강좌를 개설하고 있는데 29개 대학이 운영하는 영어 강좌가 무려 300개나 된다.

요즈음 우리나라에서 대학을 졸업한 학생들이 사회 현장에 나와서 기업들이 원하는 수준에 너무 미치지 못하여 기업이 신입사원들을 대상으로 또다른 교육을 시키는 현상이 자주 일어나고 있는 것과는 너무나 대조적이다.

필자도 대학에서 학생들을 교육하는 교수의 일원으로 늘 학교교육과 사회 현실과의 괴리를 줄이기 위한 노력을 하고 있지만 교육과정 자체가 비현실적이어서 역부족을 느낄 때가 많다. 대학 교육은 사회에서의 적응도를 높이고 경쟁력을 제고시키는 데 기여하도록 재편성되고 개선되어야 한다.

특히 글로벌 경쟁시대에 학생들의 경쟁상대는 같은 캠퍼스에서 공부하고 있는 친구들이 아니라 전세계의 주요 대학에서 공부하는 미래 세계화시대의 주인공들이라는 생각을 가지고 늘 글로벌 경쟁력 제고가 필요하다는 것을 인식해야 한다.

학교가 인적 자원의 글로벌 경쟁력을 제고시키는 매우 중요한 역할을 수행해야 하는데도 불구하고 많은 분야에서 현실과 동떨어진 교육을 시키는 우리 교육의 현장을 보면서 늘 핀란드와 같은 선진국을 부러워하게 된다. 교육은 인적 자원의 글로벌 경쟁력 제고를 위한 매우 중요한 방법이다. 우리의 대학교육도 기업에서 필요한 인재를 양성하여 공급하는 중요한 역할을 수행하여 기업으로부터 감사하다는 소리를 듣는 날이 빨리 오기를 기대해본다.

요즈음 많은 기업들이 학교에 기금을 내서 새로운 학습시설과 정보제공시설을 확충케 해주는 것은 대학 발전을 위해서 참으로 효과적인 일들이 아닌가 싶다. 이러한 기업의 참여는 진정한 의미에서의 산학협동이 되어 국가 발전에 이바지할 수 있는 인재를 양성, 공급하는 대학으로 발전하게 할 것이다.

적극적인 산학협동은 국가경쟁력 제고에 있어서 매우 중요하다.

글로벌 펀드
(global fund)

뮤추얼 펀드의 일종으로 포트폴리오 구성의 25% 이상을 해외증권이 차지하는 것을 말한다. 따라서 기금의 가치는 해외경제와 환율 변동이 얼마나 건전하게 움직이느냐에 달려 있으며 투자자로 하여금 국제적인 분산효과를 얻도록 해준다.

왜 우리는 유럽연합을 지켜보는가?

금융 버블

금융자산의 시장 가치가 그 자신으로부터 합리적으로 기대할 수 있는 예상소득의 현재 가치를 넘어서 팽창하는 현상을 말한다. 경기 호황의 마지막 국면으로 나타나는 전형적인 현상으로 소비자와 기업이 호황기의 기억으로 자신의 예상 가치를 지나치게 낙관적으로 전망하면서 커지게 된다.

2002년 12월 13일 덴마크 코펜하겐에서 폐막된 유럽연합(EU) 정상회담은 동유럽으로의 EU 확대를 최종 승인했다.

신규 가입국은 체코, 폴란드, 헝가리, 에스토니아, 라트비아, 리투아니아, 슬로바키아, 슬로베니아, 몰타, 키프로스 등 옛 공산권과 지중해의 10개국이다. 이들 국가는 2004년 5월 1일부터 EU 회원국의 자격을 얻게 되었다.

기존의 유럽연합은 15개국으로서 미국에 대항하는 가장 강력한 지역경제블록이었는데 10개국이 추가되어 25개국으로 확대된 것이다. 인구도 현재 3억 8천만 명에서 4억 5천만 명으로 늘어나 중국과 인도에 이어서 세계 3위의 거대한 경제블록이 된다.

기존의 15개국은 거의 모두 선진국 그룹에 들어가 있는 국가들로서 오스트리아, 핀란드, 독일, 아일랜드, 룩셈부르크, 포르투갈, 스웨덴, 벨기에, 프랑스, 그리스, 이탈리아, 네덜란드, 스페인, 영국, 덴마크 등이다.

유럽연합이 이와 같이 지역을 확대하는 이유는 미국이 캐나다, 멕시코와 함께 NAFTA(북미자유무역협정)라는 경제블록을 결성한 것에 자극을 받았기 때문이라고 할 수 있다.

NAFTA의 결성 이후에 EU는 미국에 대항할 수 있는 보다 강력한 지역경제체제를 원했으며 이를 위하여 10개국을 다시 통합하려는 것으로 이해할 수 있다.

앞으로 EU가 풀어나가야 할 가장 큰 문제는 25개국 간의 경제력 격차이다. EU집행위원회에 따르면 10개 신규 가입 예정 국가 전체의 GDP가 기존 15개국의 5%에도 미치지 못하기 때문에 기존의 회원국들은 새로운 회원국들에 대한 경제적 지원의 부담을 안게 된다.

상기 15개국 이외에도 추가 가입 신청을 해놓은 3개국이 있는데 불가리아, 루마니아, 터키이다. 이 중에서도 터키는 이슬람국가이기 때문에 유럽 대부분의 국가가 기독교 문명권이라는 면에서 종교적인 갈등의 소지가 있어 2004년 12월에 다시 논의하기로 결정했다. 이러한 동유럽과 서유럽의 통합은 세계화 시대를 향한 또 하나의 거대한 지역통합이라는 데에 세계인들의 관심이 집중되고 있는 것이다.

세계화 시대에 각국은 보다 유리한 고지를 점하기 위해서 주변국들과 긴밀한 협조체제를 구축하고 있다. 한국도 이러한 세계적인 흐름에 능동적으로 대처해야 보다 유리하고 막강한 경쟁력을 확보할 수 있기 때문에 일본과 중국을 잇는 FTA(자유무역협정)를 적극적으로 검토해볼 필요가 있다고 생각한다.

우리나라가 자유무역협정을 통해서 얻는 것이 잃는 것보다 크다면 당연히 협정체결에 적극적이어야 하는데도 불구하고 다른 이해 집단의 반대를 지나치게 의식해서 빠르게 진행하지 못한다면 국익에 커다란 손해를 미치게 될 것이다.

국민들은 늘 한국 전체에 이익이 되는 일인지를 먼저 생각하는 자세가 필요한 시점에 우리가 서 있다는 것을 인식해야 한다.

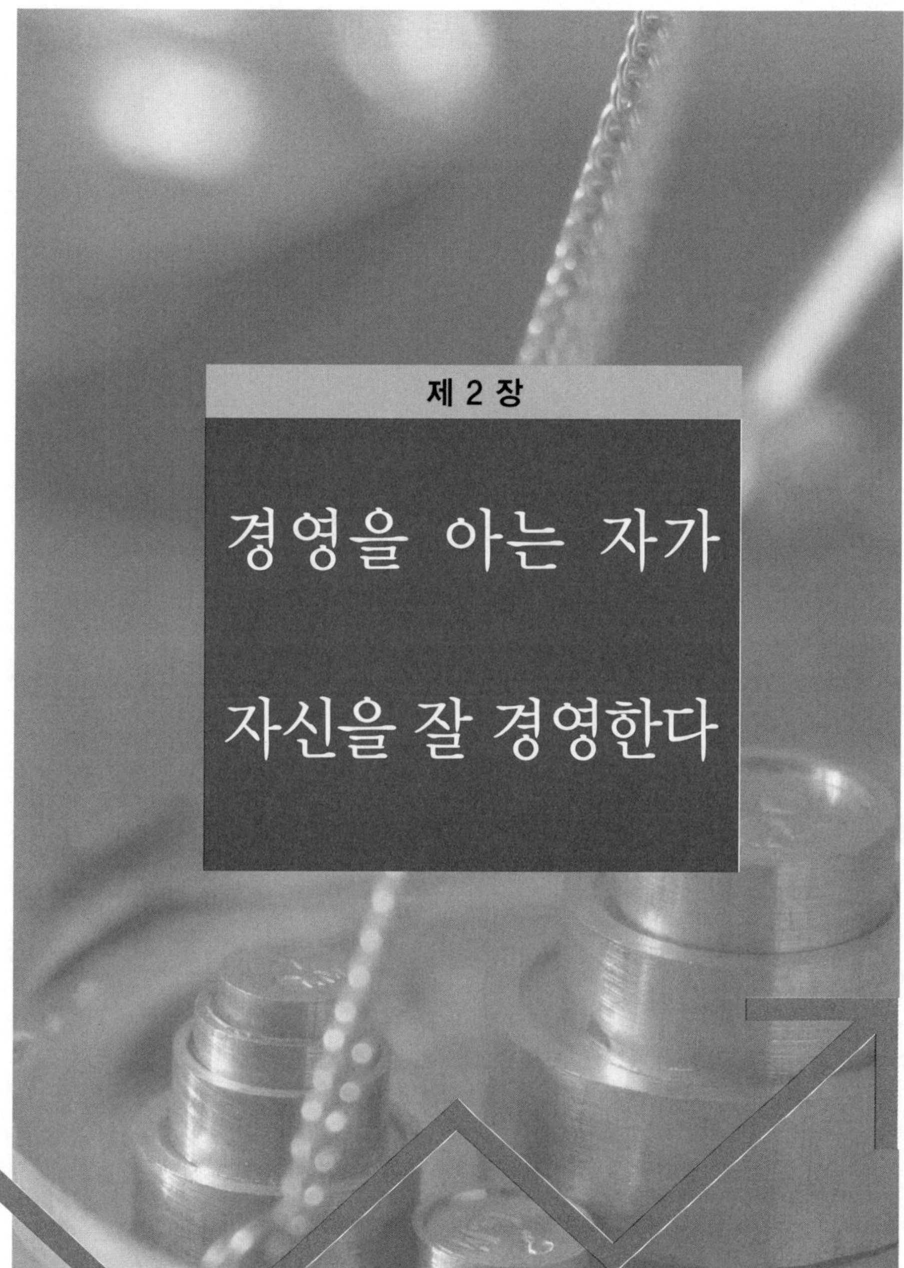
제 2 장
경영을 아는 자가
자신을 잘 경영한다

성공 키워드, 퍼스널 브랜드 구축

누구나 남들로부터 인정을 받고 싶어한다. 타인이 자신을 일정한 수준 이상의 확실한 사람이라고 인정해주는 것을 원하지 않는 사람은 없을 것이다. 하지만 이렇게 인정받기 위해서는 꼭 갖추어야 할 필수 요소가 있는데, 이것이 바로 퍼스널 브랜드(Personal Brand)이다.

퍼스널 브랜드는 자신의 생각, 태도, 그리고 행동 방식 등을 하나의 약속으로 만들어 자신과 타인에게 명확하게 제시하고 그것을 성실하게 이행함으로써 얻어지는 결과를 말한다. 즉, 타인의 머릿속에 남는 자신에 대한 전반적인 이미지라고 할 수 있을 것이다.

타인의 머릿속에 있는 자신의 브랜드 가치를 높이려면 강한 의지와 함께 구체적이고 현실적인 전략이 반드시 필요하다.

일반적으로 브랜드라는 말은 기업과 상품에서 많이 쓰여지고 있기 때문에 사람에 대한 브랜드의 개념은 아직 생소한 편이라고 할 수 있다.

　코카콜라나 소니와 같은 상품의 브랜드가 많은 고객들에게 엄청난 가치를 인정받게 되기까지는 기업의 많은 노력과 시간이 소요되었다. 이처럼 개인도 퍼스널 브랜드를 높이기 위해 꾸준히 노력하면 분명 그 가치가 상승하여 타인에게 인정을 받게 되어 자신의 목표를 달성하는 데 대단히 큰 힘이 될 것이다.

　우리는 주변에서 퍼스널 브랜드를 잘 구축한 사람들이 이미 성공하고 있음을 자주 접하게 된다.

　퍼스널 브랜드를 잘 구축한 사람이 그렇지 못한 사람보다 인생에서 성공할 확률이 높은 것은 어쩌면 당연한 일이다. 많은 사람들에게 좋은 인상과 강력한 이미지를 주기 위해서는 자신만의 강점과 단점을 잘 파악하여 단점을 보완하고 장점을 강화하는 부단한 노력이 필요하다. 나는 이런 사람이 되겠다고 결심했으면 그 결심이 현실로 이루어질 때까지 끝없는 노력을 경주해야 한다.

　1980년대 중반 미국에서 소니의 인지도 조사를 한 적이 있었다. 미국인들이 일본제품인 소니를 어떻게 인식하느냐에 대한 조사였다. 첫 번째 질문이 어처구니없게 들릴지도 모르지만 "소니는 어느 나라 제품인가?"였다. 우리는 당연히 누구나 소니가 일본제품이라고 답할 것이라는 생각을 할 것이다. 하지만 결과는 참으로 엉뚱하게 나왔다. 소니를 미국제품으로 인식하고 있는 미국인이 38%가 넘었던 것이다.

미국인들 3분의 1 이상이 소니를 미국제품으로 인식하게 만든 것은 소니의 브랜드 전략 때문이었던 것이다. 소니가 1957년 미국시장에 처음으로 진출하면서 그들은 소니라는 브랜드를 일본이 아닌 글로벌 브랜드화하려는 전략을 가지고 끊임없이 노력해왔던 것이다.

개인도 인생에서 보다 큰 성공을 하려면 자신만의 브랜드를 확고하게 하는 전략이 필요하다. 목표를 분명히 하고 목표 달성을 위한 노력을 지속적으로 하면서 자신만의 브랜드를 만들어 나가는 작업은 성공을 위한 키워드가 될 것이다.

기업가 정신과 개인 사업자의 자세

한 나라의 경제 발전은 기업의 활동이 어떠한가에 달려 있다고 해도 과언이 아니다. 기업은 스스로 이익을 찾아서 열심히 활동하는 생물과도 같은 조직체이기 때문이다.

기업 환경이 변하면 기업은 빠르게 적응하기 위해 구조조정을 하고 변신하려 애쓴다. 그래서 기업 활동이 자유로운 나라가 바로 선진국이며 경쟁력이 있는 나라인 것이다.

지구상에서 가장 기업하기가 좋은 나라 중의 하나가 미국이다. 그 이유는 누구나 자신의 뜻을 활발하게 펼칠 수 있는 기업 환경이 보장되어 있는 나라이기 때문이다.

이러한 미국에서도 기업의 평균 수명이 10년이 안된다. 그만큼 기업을 이끌어가는 것이 어렵다는 이야기이다. 우리나라의 경우 5년이 채 안되니 얼마나 기업이 활동하기 어려운지를 알 수 있을 것이다.

미국에는 다양한 사회단체들이 잘 발달하여 감시의 눈초리

텔레콤계수

가계지출에서 정보통신비가 차지하는 비중을 말한다. 텔레콤계수는 소비지출에서 차지하는 식료품비를 나타내는 엥겔계수, 자녀에게 투자되는 비용인 엔젤계수에 이어 새로운 소비성향지표로 주목받고 있다.

를 늦추지 않고 있으며, 기업에 대한 국민의 신뢰가 깨지는 순간 그 기업은 쇠망의 길을 걷게 되는 것이 상식으로 되어 있다.

그래서 가장 중요한 것이 기업의 투명성과 신뢰성이라고 할 수 있다. 기업이 투명하지 않으면 기업에 투자하는 사람들이나 돈을 빌려주는 금융기관에게 신뢰를 잃어 경영에 큰 부담이 되며, 이러한 부담은 곧 경쟁력의 약화로 이어지면서 결국 기업이 망하게 되는 것이다.

또한 기업에서 생산, 판매하는 제품에 대한 신뢰가 떨어지면 미국과 같은 선진국에서는 절대로 살아남기가 힘들다. 다양한 NGO(비정부기구)들의 공격과 소송으로 기업 활동을 영위하기가 어렵게 되고 고객의 이탈로 기업은 망하게 되기 때문이다.

기업의 투명성과 신뢰성이라는 두 가지 기업 생존요소와 함께 가장 소중하게 생각해야 할 경영의 성공 요소가 바로 기업가 정신이다.

기업가 정신(Entrepreneurship)이란 기업을 일으키고 발전시키려는 강력한 의지를 가진 사람이 발현하는 정신을 말한다. 사업에 대한 비전과 강력한 카리스마 그리고 끝없는 열정과 노력 등이 없다면 작은 기업이라도 일으킨다는 것은 참으로 힘들기 때문이다.

개인 사업에 입문하고 있는 많은 사람들은 바로 이러한 기업가 정신을 스스로 갖추어야 한다. 무에서 유를 창조하기 위한 부단한 노력과 신용 유지와 최선의 서비스를 통한 경쟁력 제고 등 하루하루의 사업 과정이 기업가 정신의 연속이기 때문이다.

국가는 지도자를 잘 만나야 잘 사는 나라, 강대국, 선진국으로 갈 수 있는 것이며, 기업은 기업가가 어떤 사람이냐에 따라서 기업의 운명이 바뀌고 기업에 속해 있는 사람의 명암도 갈리게 된다.

필자가 개인 사업자들과 대화를 할 때마다 강조하는 것이 바로 기업가 정신이다. 사업을 하는 사람은 월급쟁이와 같은 사고를 갖고 있으면 절대 성공할 수 없다. 자기의 사업 영역을 스스로 개척하고, 발전시키기 위해서는 미래를 예측하고, 의사결정을 하며, 위험부담을 감수하려는 용기와 끝없는 투지가 있어야 하는데, 이것이 바로 기업가 정신인 것이다. 진정으로 성공적인 사업자가 되는 길은 바로 기업가 정신의 발로에서 시작된다.

이런 점을 고려해볼 때 성공한 기업가의 정신을 잘 본받고 함께 가려는 노력을 하는 개인 사업가는 성공할 확률이 높다.

성공자를 복제하는 것이 성공에 이르는 아주 좋은 방법이기 때문이다.

성공으로 이끄는 멘토링

요즈음 들어 멘토링(Mentoring)이라는 용어가 부쩍 많이 쓰이고 있다.

필자의 경우 1980년대 초 미국에서 인생의 최고 멘토인 조지 브라운이라는 분을 만나서 멘토링에 대한 생각을 남보다 깊게 한 적이 있기 때문에 생소하지 않으나 많은 사람들은 여전히 생소하게 느낄 것이다.

멘토라는 말은 그리스 신화에서 유래되었다. 멘토는 오디세우스가 트로이 전쟁에 나가면서 자신의 아들을 맡긴 선생의 이름이다. 그는 10년 넘게 오디세우스 아들의 선생, 친구, 부모 역할을 했다. 이로부터 멘토(Mentor)는 상담자, 후원자, 교사 등 선배의 의미로, 멘티(Mentee)는 제자, 학생 등 후배의 의미로 사용되어왔다.

누구나 인생에서 성공하기 위해 자신을 이끌어주고 어려울 때 상담에 응해주며 올바른 길을 안내해주는 사람이 있기를 원한다. 그러나 그러한 사람을 옆에 두기란 매우 어려운 일이라고 할 수 있다.

그래서 많은 사람들은 책을 통해서 선인들 중에서 좋은 대상을 마음에 두고 행동하고 사고하는 경우가 많다. 이러한 경우에 우리는 멘토라 칭하지 않는다. 멘토는 자기와 측근에서 자주 접하면서 이야기를 나누고 조언을 구할 수 있는 상대를 말하기 때문이다. 그래서 멘토를 구하기가 쉽지 않은 것이다.

멘토를 갖게 되면 인생에서 성공하는 데 크게 도움이 된다. 그런데 멘토를 구할 때 몇가지 유의해야 할 사항이 있다.

첫째, 멘토는 존경의 대상이 되어야 한다. 누구에게나 존경받는 사람이면 더욱 좋겠고 최소한 자신이 존경하는 대상이어야 한다.

둘째, 멘토는 자주 접할 수 있는 사람이어야 한다. 자주 만나 마음을 터놓고 이야기를 할 수 있어야 하기 때문이다.

셋째, 멘토는 인생관과 가치관이 같은 사람일수록 좋다. 자신의 길에 많은 도움을 줄 수 있기 위해서는 같은 인생관과 가치관을 지니고 있는 선배가 좋은 것이다

넷째, 멘토는 상대방을 적극적으로 도와주겠다는 의식이 있어야 한다. 멘토가 적극적으로 도와주어야만 좋은 결과를 얻을 수 있기 때문이다.

내부마케팅
(internal marketing)

종업원을 고객으로 생각하고 이들 기업 구성원과 기업 간의 적절한 마케팅 의사전달 체계를 유지함으로써 외부 고객들에게 보다 양질의 서비스를 제공하려는 기업 활동을 말한다.

많은 기업에서 선후배를 묶어서 멘토링에 임하도록 시도를 해오고 있으나 큰 성과를 얻지 못하고 유명무실해지는 이유는 그들이 멘토링의 진정한 의미와 방법에 대해 이해가 적은 데다가 행하는 사람들이 적극적, 주도적으로 하지 않기 때문이다.

멘토링도 활용하기에 따라 효과가 천차만별일 수 있다. 목적의식을 분명하게 갖고 자주 만나 유대관계를 다져야만 효율적인 멘토링이 될 것이다.

인생에서 멘토의 영향은 그만큼 지대하다.

노사관계가 불온하면?

노사관계가 불안한 기업은 경쟁력이 저하된다. 지속적으로 경쟁력이 저하되면 기업은 망하게 된다.

많은 기업들이 노사문제로 골치를 썩고 있다. 노사문제는 기업의 방전 과정의 하나라고 이해할 수 있다. 다만 그 도가 지나치게 되면 서로에게 치명적일 수 있기 때문에 균형감각을 갖는 것이 중요하다.

좋은 가정이 불화가 적고 다툼이 적은 것같이 좋은 기업은 노사가 화합하는 분위기를 갖고 있다. 반면에 집에서 불화가 잦으면 이혼도 느는 것처럼 노사분규가 잦으면 기업의 경쟁력이 저하되어 망하는 길로 가게 된다.

과거 미국과 영국, 일본 등 선진국들도 노조의 지나친 단합 때문에 경쟁력이 떨어져 국가의 근본적인 문제점으로 대두된 적이 있다. 그들의 경쟁력은 끝없이 추락하였고 국민들이 그 폐해를 떠앉는 경우가 발생하게 되었던 것이다.

내비게이션 시스템

운전석에 앉아 대시보드에 장착된 액정 보도를 들여다보면 패널에 지도와 함께 현재의 주행 위치가 표시되어 목적지까지 최선의 코스를 제시하는 도로 안내 시스템이다.

　요즈음 우리나라의 노동운동은 발전 과정에 있다고 이해할 수 있으나 지나치게 선동적이고 균형감각을 잃고 있는 것 같아 매우 우려할 만한 수준에 이르고 있다.

　노동조합은 근본적으로 근로자의 복지와 권익을 위하여 설립된 것이다. 그런데 근로자의 복지와 권익은 기업활동에 지장을 주지 않는 범위 내에서 이루어져야 한다. 법과 질서를 무시하고 진행된다면 올바르지 않다는 뜻이다.

　노사관계가 잘 정립되기 위해서는 노측과 사측의 평상시 대화가 매우 중요하다. 회사는 사업을 투명하게 운영하면서 직원들을 이해시키고 동참시키는 분위기를 만들어야 한다. 그런데 회사가 어려운 일이 있다고 호소할 때 직원들이 그 말을 믿지 않는다면 이미 회사측이 평상시에 직원들로부터 신뢰를 잃고 있다는 증거이다.

　직원들은 기업가를 인정하고 존중해야 한다. 그들의 투자와 위험 감수 없이 기업은 세워지지 않으며 운영될 수 없기 때문이다. 서로의 위치를 분명히 확인하고 존중하면 그만큼 노사분규는 줄어들게 될 것이다.

　물론 그동안 직원들을 지나치게 부당한 대우를 한 곳도 있다. 회사가 투명하게 운영되지 않은 곳도 많다. 하지만 회사가 깨어지게 되면 직원 모두 후회하게 될 것이다. 회사가 잘 운영되면서 서로 부족한 부분을 보완해가는 지혜가 필요한 것이다.

동네에 작은 가게를 하나 차려도 운영하려면 문제가 있는 법인데 큰 기업을 운영하면서 문제가 없기를 바라는 것은 무리이다. 하지만 사람이 인위적으로 개선할 수 있는 것을 개선하지 못한다면 그것은 잘못된 일이다.

그래서 주어진 법의 테두리 안에서 노사는 성실하게 대화를 나누는 것이 필요하다. 무조건 파업을 강행하게 되면 늘 앙금이 남게 된다. 앙금이 남으면 원상으로 돌아간다고 해도 껄끄러운 관계 때문에 보다 효율적인 경영을 해나가는 데 장애요인이 될 것이다.

세상의 모든 일은 대화로 가능하다. 중요한 것은 평상시에 얼마나 가족과 같은 분위기로 기업을 만들어가느냐이다.

대화가 없는 가정은 불행한 가정이 될 확률이 높고 대화가 단절된 기업은 경쟁력이 떨어져 망할 확률이 높다.

좋은 가정과 좋은 기업은 우리 모두 힘을 합치고 대화를 할 때 가능해진다.

고객지향 마케팅을 하라

최근 기업 간의 경쟁이 격화되고 소비자들의 기호가 다양해지고 개성화되면서 과거 판촉과 광고가 중심이 되는 판매 위주의 마케팅에서 고객이 원하는 것을 찾아서 이를 만족시켜줌으로써 이익을 올리려는 고객지향 마케팅으로의 변신이 요구되고 있다.

고객지향 마케팅은 고객지향 사고가 시장조사에서부터 제품개발, 광고, 판촉 영업에 이르기까지 모든 마케팅 활동에 반영되어 전체적으로 고객의 관점에서 통합되고 조정된 마케팅 활동을 수행하는 것을 말한다. 제품 위주의 사고, 즉 좋은 제품만 만들어내면 고객들이 비싼 값을 주고라도 산다는 생각으로 제품을 개발하거나 광고, 판촉에 돈을 많이 쓰고 보증수리 기간의 연장 등 제품판매 이후의 고객서비스를 강화시켜 고객만족을 유도하겠다는 것은 진정한 의미에서 고객지향 마케팅이라고 할 수 있다.

따라서 고객지향 마케팅은 시장분석에서 마지막 애프터 서비스까지 모든 마케팅 활동에 있어서 고객을 의사결정의 기준으로 생각하여 고객의 관점에서 마케팅 전략을 수립하는 것을 의미한다. 즉, 지금까지 생산자 또는 판매자의 관점에서 결정하고 이끌어져왔던 마케팅을 고객이 이끌어가는 마케팅으로 바꾸는 것이다.

이러한 고객지향 마케팅을 통해 고객의 관점에서 전체적으로 통합되고 조정된 마케팅 활동을 벌임으로써 고객에게 보다 높은 만족을 안겨줄 수 있게 된다. 이러한 고객지향 마케팅의 예를 마케팅의 네 가지 요소인 제품, 가격, 유통경로, 판매촉진의 면에서 살펴보면 다음과 같다.

제품을 개발할 때 엔지니어나 연구부서의 관점보다 고객의 관점을 고려하면 시장에서 성공할 수 있다. 즉, 고객이 무엇을 원하는지 알아내어 이것을 가능하게 하는 기술 및 소재를 개발하여 상품화했을 때 시장에서 성공할 확률이 보다 높다.

가격의 경우도 마찬가지이다. 무조건 싸거나 비싸게 한다고 좋은 것은 아니다. 대부분의 기업들은 판매가격을 생산비에 일정한 마진을 더하는 방법으로 결정한다. 그러나 이러한 경우 가격은 생산부서에 의해서 결정되어 마케팅 수단으로서의 의미를 상실하게 된다. 따라서 고객지향적 가격전략이란 제품의 목표고객의 특성을 감안하여 적절한 가격을 매길 때 훨씬 효과적

디지털 시대의 새로운 독신주의자를 일컫는 말이다. 탄탄한 경제력과 디지털 활용능력을 갖추고 자신만의 독신문화를 만들어가는 계층이 늘고 있는데, 이들은 자아의식이 강해 남에게 방해받고 싶어하지 않으며, 디지털 시대에 걸맞은 높은 기술력을 갖추고 있어 소비능력도 만만치 않다.

**네임 마켓
(name market)**

유로본드(Euro-bond)를 대신하는 말이다. 시장에서의 차입은 주로 미국, 서유럽제국, 캐나다, 일본, 국제기구 등 선진국이 대부분을 차지하여 선진국 중심의 시장일 뿐 아니라 국제적 지명도가 높은 다국적기업 정부기관 위주로 발행이 이루어져 왔다는 점에서 유로본드 시장은 네임 마켓으로 통칭되고 있다.

인 결과를 가져올 수 있다. 목표고객이 고소득층으로 뭔가 차별화된 제품을 원하는데 값싼 가격을 매긴다고 매출이 증대하는 것은 아니다.

유통의 경우에도 고객의 관점에서 유통경로를 선정하면 보다 좋은 반응을 얻을 수 있다. 프랑스의 유명 화장품인 랑콤을 한때 한국화장품에서 매출을 늘리기 위하여 백화점뿐만 아니라 할인코너점에서도 판매한 적이 있다. 이때 랑콤에 대한 고객들의 이미지가 나빠져 랑콤 본사가 한국화장품과 계약이 만료되자마자 직접 현지 판매법인을 만들어 백화점에서만 판매를 했더니 더 많은 매출을 올렸다.

판매촉진에서도 광고슬로건이나 광고매체의 결정을 판매자의 관점보다 구매자의 관점에서 고객의 요구가 무엇인지 그리고 자주 접촉하는 매체가 무엇인지를 잘 생각하여 결정한다면 고객에게 훨씬 좋은 반응을 얻어낼 수 있을 것이다.

지금까지 정리한 것을 잘 음미해보면 우리가 행하고 있는 많은 마케팅 활동이 상당 부분 판매자의 입장에서 이루어지고 있으므로 동양철학의 근간을 이루는 역지사지(易之思之)의 사고가 현대 경영에도 상당히 중요함을 알 수 있을 것이다. 남의 입장에서 생각하는 사고, 이것이 고객지향적 사고이며 이러한 자세로 행하는 마케팅 활동이 고객지향 마케팅인 것이다.

윤리경영과 기업 경쟁력

요즈음 기업경영에서 화두는 단연 윤리경영이다. 기업의 윤리성이 매우 중요하게 여겨지는 이유는 기업이 투명하지 못하면 결국 기업이 망하기 때문이다. 기업이 투명하기 위해서는 기업 구성원들의 윤리의식이 매우 중요하다. 구성원들의 태도에 따라서 기업의 문화가 달라지는 것이다.

기업이 윤리적으로 하자가 없어야 소비자들에게 신뢰를 얻게 되고, 그러한 신뢰가 기업의 성장과 발전에 크게 기여하게 된다.

과거 소비자들은 판매자가 중심을 이루는 불리한 위치에서 기업을 상대해왔다. 그러나 세계화가 빠르게 진전되고 인터넷 혁명이 가속화되면서 기업들의 경쟁이 치열해지고 소비자들의 입지가 좋아지는 소비자 중심 시장이 도래하게 되었다.

이러한 소비자 중심 시장의 도래는 기업들을 긴장시키고 기업들이 더욱 소비자들에게 신경을 쓰지 않으면 안되는 상황으

네프치 방식
(Neffci formula)

기존의 경기예측 방식이 단순히 주요 경제지표의 변동 방향이나 변동폭을 산술평균하여 측정했다면, 네프치 방식은 확률개념을 도입하여 경기의 전환가능성을 일기예보처럼 확률로 예측하는 것이다. 1982년 미국 뉴욕 시립대 S. N. 네프치 교수가 개발.

로 몰아가고 있는 것이다.

요즈음 소비자들은 앉은자리에서 같은 상품이나 서비스를 제공하는 경쟁사들의 모든 것을 인터넷으로 검색할 수 있으며 세계적인 경쟁사들과도 비교할 수 있는 위치에 있게 되었다.

판매자 중심 시장에서 소비자 중심 시장으로 이양이 가속화되면서 기업들은 자사의 이미지가 소비자들에게 어떻게 비추어지느냐에 촉각을 곤두세우고 있다.

기업에 대한 판단 요소로서 소비자들이 가장 관심을 갖는 부분이 바로 그 기업은 바른 기업인가 하는 점이다. 신의와 성실에 입각한 기업활동을 하는 믿을 만한 기업인지가 그 기업에 대한 이미지로 연결되어 구매와 재구매시에 큰 영향을 미치게 되는 것이다.

선진국 기업들이 윤리경영을 강조하고 있을 때 우리 기업은 대부분 그렇지 못한 상황이었다. 정경유착이라는 나쁜 고리에 연결되어 많은 사람들에게 진정한 사랑과 존경을 받지 못한 것이 현실이다.

그러나 요즈음 우리 기업들도 세계화 바람 속에 글로벌 스탠더드에 맞는 회계와 투명한 경영을 하려고 열심히 노력하고 있는 모습을 여러 곳에서 볼 수 있다.

2004년 6월 28일 전국경제인연합회가 133개 대기업 CEO를 대상으로 조사해서 발표한 'CEO가 본 한국 기업의 윤리경영

'인식'이라는 보고서에 따르면, CEO들은 자사의 윤리경영 수준에 대해 '중간이다'(37%), '잘 하고 있다'(30%), '매우 잘하고 있다'(6%) 등으로, 중간 이상이라는 응답이 73%에 달했다. 100점 만점으로 한 평가에서 평균 81점, B학점 수준인 것으로 나타났다. 윤리경영을 할 때 가장 중점을 두는 분야는 '고객과의 관계'(41%), '기업 내부의 윤리경영 시스템 구축'(35%)으로 기업 내부와 고객과의 관계가 윤리경영의 중점분야라는 데 인식을 같이하고 있었다.

우리 기업이 세계 수준의 일류기업들과 진정으로 어깨를 나란히 하려면 기업 내부의 윤리경영 시스템을 조속히 구축하고 기업문화를 정착하여 고객들에게 진정한 사랑과 신뢰를 받는 것이 필요하다.

윤리경영은 21세기 일류기업의 첫 번째 조건이 되고 있다.

사외이사 제도 활성화와 경쟁력

기업활동을 가장 효율적으로 집행하는 기관이 바로 이사회이다. 이사회에서의 모든 의사결정은 기업의 장래를 결정짓는 데 매우 중요하다. 그래서 주주총회에서 이사들을 선임할 때 매우 신중을 기해야 한다. 물론 이사회에서 최고의 의사결정자는 대표이사이다. 대표이사는 기업을 대표하면서 중요한 의사결정을 내리는 사람이다.

기업활동을 일일이 기업의 주주들에게 보고하고 의견을 물을 시간이 없기 때문에 이사회에 일임하거나 대표이사에게 위임하는 것이 상례이다.

이러한 이사회의 중요성에 비해서 이사회의 결정에 관해 적절한 이의를 제기하거나 건전한 토론이 이루어지지 않는 것이 문제이다. 이런 문제가 생기는 주요 이유는, 주로 대표이사가 이사를 추천하여 선임되고 이사의 인사권을 대표이사가 가지고 있기 때문이다.

이러한 문제점을 보완하기 위해서 선진국에서 일찍부터 도입하여 활용하고 있는 제도가 바로 사외이사 제도이다.

미국의 경우 모든 상장회사에서 사외이사의 수는 총 이사 수의 절반을 넘는다. 하지만 우리나라는 20%가 되지 않는다.

각종 위원회에 소속되어 활발하게 경영자문을 하고 있는 미국과 달리 우리는 이사회라는 한정된 공간에서 사외이사들이 활동하고 있는 것이 큰 차이라고 할 수 있다.

더욱이 한국의 사외이사들은 주로 최고경영자가 추천하여 선임되기 때문에 경영의 큰 흐름에 반대하는 입장에 서는 경우가 거의 없다. 즉, 경영자의 들러리에 그친다는 것이다.

이에 비해서 미국의 사외이사는 자신의 의견개진을 활발하게 하는 것은 물론이고 반대 의견도 서슴없이 내고 있어 한국의 사외이사와 아주 대조적이라고 할 수 있다. 또한 미국에서는 대표이사가 직접 사외이사를 선임하는 것도 아니기 때문에 그들이 대표이사의 눈치를 보지 않아도 된다.

미국은 우리보다 50여 년 이상 앞서가는 경영이라는 것을 감안하더라도 우리의 사외이사 제도가 하루빨리 강화되어야 투명한 경영으로 경쟁력을 제고할 수 있을 것으로 판단된다.

사외이사가 소신껏 자신의 의견을 개진할 수 있을 때 경영층의 독주를 막고 건전한 의사결정 메커니즘이 작동되어 균형감각이 있는 경영으로 많은 사람들의 존경을 받게 될 것이다.

기업의 경쟁력 제고는 기업의 투명성을 높이는 데 있으며, 기업의 투명성 제고는 건전하고 투명한 의사결정 체계를 확립하는 데 있기 때문이다.

이러한 의사결정 체계에 큰 몫을 하는 것이 바로 사외이사 제도이다.

지금 우리 기업의 사외이사 제도는 들러리라는 수식어가 떼어질 때 비로소 제자리를 잡게 될 것이다.

NQ를 높여야 성공한다

요즈음 많은 사람들 사이에서 회자되는 용어 중에 Q로 끝나는 용어가 많은 것 같다. IQ(지능지수), EQ(감성지수), SQ(성공지수), JQ(쪼다지수?) 등등.

필자가 오래 전부터 늘 생각해왔고, 조지 브라운이라는 멘토에게 직접 배운 것이 바로 NQ(Network Quotient: 네트워크 지수)이다.

물론 사람 사귀기를 근본적으로 싫어하는 사람이 있을 수 있다. 그러나 대부분의 사람들은 사람 사귀기를 좋아하나 잘 사귀지 못하는 경우가 많다.

인생에서 성공하려면 많은 사람들과 인간관계를 잘해야 한다. 인간관계를 잘하기 위해서는 여러 가지를 염두에 두어야 하지만 가장 중요한 것은 사람들과 관계를 어떻게 맺고, 유지하느냐이다.

네트워크란 그물망이라는 의미를 가진 단어로서 원래는 '텔레비전이나 라디오 프로그램을 송출하는 중계회선에 의해 조직된 전국적인 방송조직과 방송망' 을 가리키는 용어이다. 그러던 것이 컴퓨터가 보급되면서 여러 대의 컴퓨터가 연결된 망, 즉 컴퓨터네트워크를 줄여서 네트워크라고 부르게 되었다.

이런 방송 용어 또는 컴퓨터 용어를 사회과학계가 받아들이면서 새롭게 나타난 특정한 인간관계에 적용시켜 탄생한 것이 네트워크, 또는 네트워크 조직이라는 개념이다. 사회과학에서 말하는 네트워크는 종래의 계층적 조직과는 달리 조직과 조직 사이 또는 조직 내부의 구성원들이 모두 대등한 입장이고, 결합의 조건이 좀 더 유연하며, 구성원 사이의 유대관계도 약하거나 유동적이고, 정보와 자원을 더 자유롭게 교환한다는 특성이 있다.

휴먼 네트워킹은 사람과의 관계를 잘 유지 발전시키는 과정을 말한다. 그리고 보다 많은 좋은 사람들과의 관계를 유지, 발전시키는 능력을 가진 사람이 그렇지 못한 사람보다 성공할 확률이 높다.

네트워크에는 장벽이 없다. 문을 지키고 서 있는 문지기도 없다. 누구나 스스로 원하는 대로 행할 수 있기 때문에 자유롭다. 타고난 머리가 중요한 것도 아니다. 성실하게 주변 사람들을 사귀고 네트워크시켜나가는 것일 뿐이다.

네트워크를 잘하는 정도를 나타낸 것이 NQ이다. NQ는 선천적인 요소보다는 후천적인 노력이 돋보이기 때문에 해볼 만한 것이다. IQ는 타고난 것이며 노력으로 향상되는 것이 아니지만 NQ는 노력 여하에 따라 결과가 달라지기 때문이다. 얼마나 많은 사람들과 효과적으로 네트워크를 형성해가느냐가 성공의 중요한 요소라는 뜻이다.

네트워크 지수를 높이는 데는 노력이 필요하다. 필자의 경험으로 보면 다음 몇 가지를 늘 염두에 두면 네트워크 지수가 향상된다.

첫째, 만나는 모든 사람이 '보물'이라는 생각을 가지고 사람을 대한다. 실제로 사회에서 만나는 모든 사람들이 우리의 보물이다.

둘째, 한 번 만난 후에는 어떤 형태로든 커뮤니케이션을 한다. 커뮤니케이션이 네트워크를 형성하는 기본이기 때문이다.

셋째, 커뮤니케이션에 의한 네트워크 형성을 한 후에 꾸준하게 관리한다. 네트워크는 관리이다. 마치 그물을 자주 손보고 상한 곳이 있으면 꿰매는 것과 같다.

위의 세 가지를 늘 염두에 두고 노력하면 반드시 NQ는 향상될 것이다.

영어가 경쟁력이다

한국의 유수한 중앙일간지에서 '영어가 경쟁력이다'라는 칼럼을 연재하고 있는 것을 보았다.

필자는 1985년 미국에서 돌아온 후에 21세기를 맞이하는 우리의 자세 중에서 외국어, 특히 영어의 중요성을 여러 매스컴을 통해 강조해왔기에 매우 반가운 캠페인이 아닐 수 없다.

과거 우리나라에서 외국어를 지나치게 강조하면 한글학회나 관련단체의 반대에 부딪치기도 하고 사대주의에 물든 사람으로 오해를 받는 경우도 종종 있었다. 그래서 많은 사람들이 공감을 하지만 드러내놓고 강조하는 데에는 무리가 따랐던 것이 사실이다. 하지만 세월이 흐르면서 세계는 급속하게 변했고, 특히 세계화의 거센 물결이 이미 우리 곁으로 다가왔고 인터넷시대로 접어들면서 세계는 그야말로 하나의 작은 촌락처럼 변해가는 환경에 놓이게 되어 세계어에 대한 필요성은 자타가 인정하는 시대가 된 것 같다.

최근 정부에서 확정하여 발표한 영어 표기법의 수정은 매우 늦은 감이 있으나 세계화, 정보화시대의 흐름에 순응하는 올바른 조치였다고 생각한다.

선진국에 진입한 국가들을 보면 자연자원을 많이 갖고 있거나 국민의 국제화를 전략적으로 추진해온 국가 중의 하나로 분류할 수 있다. 우리나라는 자연자원이 절대적으로 부족하기 때문에 인적 자원의 국제화로 국제경쟁력을 제고하여 선진국에 진입해야 하는 국가군으로 분류할 수 있을 것이다.

동양에서 이와 같은 전략적 목표를 정하고 잘 추진하여 선진국 대열에 안착한 국가로 누구나 싱가포르와 홍콩을 떠올릴 것이다. 서양에서는 국가의 자원이 거의 없거나 국토가 작으면서도 삶의 질을 선진국 수준으로 올려놓은 스위스, 오스트리아, 네덜란드와 같은 국가를 예로 들 수 있다. 우리나라는 자원빈국으로서의 인식을 통한 수출입국의 전략이 주효하여 작은 국가로서 중진국의 수준까지 잘 올라온 경우에 해당된다.

그러나 선진국으로 진입해야 하는 지금부터가 더욱 중요하다. 지금까지의 성장 패턴이 그대로 적용될 수 없는 이유 중의 하나는 선진국의 견제에 따른 경쟁의 격화인데, 이러한 경쟁은 세계화라는 무한경쟁 시대로 들어서고 있는 현실에서 더욱 심각하게 우리에게 다가오고 있기 때문이다. 또 하나의 중요한 이유는 세계는 인터넷혁명이라는 새로운 변수 속에서 경쟁을 하게 되었기 때문이다.

그런데 세계의 정보를 마음껏 손바닥 위로 끌어들여 전략적인 무기화를 할 수 있는 인터넷은 우리처럼 자원이 없는 국가에게는 유리한 싸움터임에 틀림없으나 전세계의 인터넷 안에 저장, 관리되고 있는 정보의 90% 이상이 영어로 되어 있다는 사실이다. 이런 현실에 부딪치면서 영어의 중요성을 다시 한 번 실감하지 않으면 안된다는 데 그 심각성이 있는 것이다.

세계화시대, 인터넷시대를 맞이하여 우리의 국제경쟁력을 기르는 유일한 길은 인력의 세계화와 인터넷시대에 맞는 정보화에 있다. 따라서 이에 필요한 것은 영어임을 명심해야 하며, 영어가 경쟁력인 이유가 바로 여기에 있다.

노사는 같은 운명체다

노사관계는 기업경영에 있어서 매우 중요한 요소이다. 기업을 경영하는 데 있어서 필수적인 요소 중의 하나가 노동력이다. 이러한 노동력이 없이는 기업을 하루도 영위할 수 없다.

기업을 항해하는 배로 본다면 사업자는 선장과 항해사에 해당할 것이고 근로자는 배의 각 부문에서 각자의 맡은 바 임무를 다하는 선원에 해당한다고 볼 수 있다. 배가 가장 빠른 속도로 정해진 방향으로 목표를 향하여 항진하기 위해서는 선장의 건전한 사고와 경험 그리고 지식이 있어야 하고 선원들은 선장의 지시에 따라 맡은 바 임무를 다해야 한다. 날씨가 좋아서 항해하는 데 적합한 조건인 경우에는 비교적 항해하기가 순조로우나 악천후인 경우에는 항해하는 데 어려움이 많아 배에 탑승하고 있는 전원이 더욱 혼연일체가 되어 협력하지 않으면 악천후를 이겨내지 못하게 된다.

기업의 경영도 이와 같은 이치로 움직인다고 할 수 있다. 기

**도요타 방식
(Toyota way)**

오늘날의 도요타를 탄생시킨 경영시스템으로 필요한 것을 제때 필요한 만큼 생산하는 저스트 인 타임 (Just in time) 개념에 바탕을 둔 생산방식이다. 이러한 효율중시 시스템은 1980년대 일본제조업체가 세계를 석권하는 데 큰 역할을 했다.

업은 배이고 기업의 경영층은 선장이나 항해사와 같은 역할을, 직원들은 선원의 역할을 한다. 일반적으로 경기가 좋을 때는 날씨가 좋을 때 항해를 하는 것처럼 순조롭게 항해할 수 있으나 국내외적인 경제여건이 나빠지고 있는 요즈음은 악천후 때와 같이 임직원 전원이 혼연일체가 되어 합심하지 않으면 기업의 경영이 성공적으로 이루어지기 힘들다.

노사관계는 기업경영에서 참으로 중요한데 노사관계의 가장 중요한 근간은 믿음이라고 할 수 있다. 선원들이 선장을 믿지 못한다면 선원들은 각자의 판단에 의해서 움직이게 될 것이다. 그러면 배는 한 방향으로 항진하지 못하게 되어 좌초하거나 전혀 다른 방향으로 항해하게 될 것이고 결국 배에 탄 모든 사람들에게 불행한 일이 생기게 될 것이다.

선장이 선원들에게 믿음을 주기 위해서는 평상시 인간적인 신뢰감을 주는 언행이 선행되어야 한다. 마찬가지로 기업경영자도 직원들로부터 신뢰를 받도록 행동해야 한다. 기업경영자가 신뢰를 받기 위해서는 사랑과 감사하는 마음으로 직원들을 대하고 평상시 경영 내용을 투명하게 공개하여 직원 모두 기업을 가족처럼 이해하고 협조하는 마음을 갖도록 만들어야만 한다.

노사관계가 잘 정립되어 있지 않은 기업은 언젠가는 실패할 가능성이 항상 있게 마련이다. 노사관계의 올바른 정립은 기업

동시상장(同時上場)

특정기업의 주식을 국내증시에 직상장하는 동시에 뉴욕이나 런던 증시 등 해외에서도 주식예탁증서 발행을 통해 상장하는 방식이다. 통상적으로는 국내에 먼저 직상장을 한 후 주식예탁증서 발행으로 해외증시에도 상장한다.

에 중요한 요소이며 성공요소라고 할 수 있다.

직원 입장에서도 기업경영의 어려움을 잘 이해하고 올바른 방향이라고 판단되면 대승적으로 행동하는 용기와 현명함이 필요하다.

노사관계의 올바른 정립은 노사 양쪽을 위한 윈윈 전략이기 때문이다.

디마케팅
(demarketing)

기업이 자사 상품 판매를 의도적으로 줄이려는 마케팅 활동을 말한다. 소비자보호나 환경보호 등 기업의 사회적 책임을 강조함으로써 기업 이미지를 긍정적으로 바꾸는 효과를 기대하거나, 해당 제품이 시장에서 독과점이라는 비난을 받을 위험이 있을 때 사용하는 마케팅 전략이다.

오너 경영인가, 전문 경영인가?

기업을 경영하는 데 있어 오너에 의한 경영과 전문 경영자에 의한 경영, 어느 것이 더 좋은 방법이냐는 질문에 한 마디로 답하기는 매우 어렵다. 선진국의 경우에도 전문 경영인에 의해 모든 경영이 이루어지고 있는 것은 아니다.

오너 경영의 가장 큰 장점은 권한 집중에 의한 빠른 의사결정이라고 할 수 있다. 개발도상국과 같이 기업환경이 빠르게 변화하는 경우에는 기업의 대응 또한 신속하여야 하기 때문에 합리적인 의사결정 과정을 통한 의사결정보다는 동물적인 감각과 직관력에 의한 의사결정이 훨씬 효율적일 수 있다. 또 다른 장점으로는 애정을 갖고 경영에 참여하는 정도가 전문 경영인보다는 강하다는 점이다.

오너 경영의 단점은 오너가 지나치게 독단적인 의사결정으로 기업을 결정적인 위험에 빠뜨릴 수가 있으며 창업자가 남다른 동물적인 감각이나 통찰력을 갖고 기업을 키웠다 해도 2, 3

디폴트(default)

공사채나 은행융자 등에 대해 원리금을 지불할 수 없는 상황을 말한다. 즉 채무자가 원리금 지불의무를 계약에 정해진 대로 이행할 수 없는 상황에 처한 것이 디폴트다. 채무자가 민간기업인 경우 경영부진이나 도산 등이 이 원인이다.

세에 이르게 되면 능력 있는 전문 경영인들보다 못한 경우가 종종 생겨 경쟁력이 떨어지는 경우가 많다는 점이다.

반면에 전문 경영인에 의한 경영은 많은 경우에 합리적이고 논리적인 의사결정을 하지만 힘이 실리지 못하거나 의사결정이 너무 늦어 때를 놓치거나 애정이 부족하여 죽을 힘을 다하여 어려움을 돌파하려는 의지가 부족한 경우가 많다.

따라서 '오너에 의한 경영은 안된다'라고 단정하는 것은 문제가 있다. 오너라도 시대에 맞는 경영능력이 있다면 무슨 문제가 되겠는가. 하지만 2, 3세 오너 경영자가 자질이 부족하면서도 오너라는 이유로 경영권을 고집하는 경우를 많이 보는데, 이는 기업의 영구적인 발전에 큰 저해 요소가 된다.

경영자는 우선 경영능력이 있어야 한다. 오너이면서 경영능력도 뛰어난 경우에는 오너인 사람이 경영에 임하는 것이 나을 것이다. 같은 경영능력을 가지고 있는 오너와 전문 경영인 두 사람이 있다고 하면 당연히 같은 능력에 큰 권한까지 가지고 있는 오너 경영이 경쟁력이 있을 것은 당연하다. 만약 두 사람의 질적인 소양이 크게 차이가 나서 오너 경영자가 월등히 질이 떨어지는 경우에는 기업의 지속적인 발전을 위하여 전문 경영인에게 경영을 맡기는 것이 현명한 조치일 것이다.

이와 같은 선택은 기업이 활동하고 있는 국가의 환경과 가치관의 차이에 따라 달라질 수 있다. 서양 선진국의 경우에는 경

락업(lock-up)

벤처기업이 코스닥 등록 시 최대주주 또는 벤처캐피털이 일시에 매물을 출회함으로써 시장의 안정성을 저해하고 주가 급락에 따른 투자자들의 피해를 방지하는 데 초점을 둔 제도이다.

영에 임하는 사람이나 그 주변에 있는 사람들의 가치 기준이 우리와는 현실적으로 분명한 차이가 있기 때문에 전문 경영인의 의사결정의 폭이 현격하게 넓은 경우가 일반적이라고 할 수 있다. 소위 CEO라는 직위에 걸맞게 최고경영자가 정상에 위치하여 일정기간 동안의 경영성과에 대하여 책임을 지는 대신 그에 걸맞는 보상을 받게 된다.

우리의 경우는 CEO라는 직함을 가지고 있음에도 불구하고 실질적인 소유 그룹에 의해 거의 모든 최종적인 권한을 이양받지 못하고 있는 것이 현실이다. 이러한 현상은 기업의 발전단계가 아직 선진국에 비해 낮은 수준이기 때문이기도 하지만 우리의 동양적인 가부장적 사고방식에 연유하고 있는 것 같다.

따라서 필자는 우리나라에서 전문 경영인 제도가 완전하게 정착되는 데는 앞으로도 많은 시간이 걸릴 것이라고 생각하며 전문 경영인 제도가 반드시 경쟁력이 더 있다고 일괄적으로 판단해서는 안된다고 생각한다.

더욱 중요한 것은 오너측에서 자신들의 가족 중에 전문 경영인 그룹에 대항할 수 있는 인재가 있지 않거나 그러한 인재를 계획적으로 발굴, 육성하는 노력을 하는 데 실패했을 경우에는 과감하게 전문 경영인에게 기업경영을 맡기는 것이 세계화 시대에 기업 경쟁력을 길러 기업을 지속적으로 유지, 발전시키는 길이라는 것을 분명하게 인식하는 것이다.

　국민들도 '오너에 의한 경영은 나쁜 것이다'라는 생각을 바꿔 기업경영은 보다 경쟁력이 있는 사람에 의해 이루어질 때 이윤 극대화를 통한 사회공헌이 가능해진다는 것을 이해해야만 할 것이다.

우리 국가경쟁력의 현주소

한 나라의 국제적인 경쟁력을 나타내는 것을 국가경쟁력이라고 한다. 국가경쟁력은 그 국가가 다른 경쟁국가에 비해 어떠한 위치에 있느냐를 알려주는 것으로 매우 중요한 지표이다.

이번에 세계 주요국가의 국가경쟁력이 국제경영개발원(IMD)에 의해서 발표되었다. 스위스 로잔에 본부를 둔 국제경영개발원은 세계적인 경영자를 전문적으로 교육하는 전문대학원으로 55년의 역사를 지니고 있고 매년 4월에 '세계 경쟁력 연감'을 발표한다. 이 연감은 세계경제포럼(WEF)의 '세계 경쟁력'과 함께 국가경쟁력에 관해 가장 권위 있는 보고서이다.

2002년도 보고서에 따르면 우리나라의 국가경쟁력은 종합순위 28위에 머물렀는데 이는 전 해와 같은 수준으로서 경쟁관계에 있는 국가들과 비교하면 상당히 낮은 수준에 있다. 싱가포르는 2위, 홍콩은 6위이며 대만은 18위, 일본은 26위에 랭크되어 있다.

국제경영개발원의 평가항목은 경제활동 성취도, 정부의 효율성, 기업하기 좋은 정도, 사회전반의 인프라 등 4개 부문으로 구성되어 있다. 우리나라는 경제활동 성취도 면만이 19위로 종합순위보다 낮고 사회전반의 인프라(간접투자 시설) 면에서 34위, 정부의 효율성 면에서 31위, 기업하기 좋은 정도 면에서 31위 등으로 전반적으로 낮은 점수를 받고 있었다.

이번 조사 결과를 자세히 들여다보면 우리나라의 국가경쟁력의 문제점이 무엇인지를 잘 알 수 있다. 외국인 투자자들이 한국에 들어와서 많은 사업을 하기 위해서는 그들의 사업을 지원하기 위한 정부의 효율성과 사회적인 인프라, 기업 활동하기에 적합한 사회적인 환경과 분위기가 좋아야 하는데 그렇지 못하다는 이야기이다.

외국인 투자자들이나 외국과 사업을 도모하는 사람들의 경우에는 여러 대상국가들 중에서 보다 편리한 곳을 선호하게 되어 있다. 많은 대상국을 조사하여 자기들에게 유리한 국가를 찾아 투자하는 것은 너무나 당연한 일이다.

따라서 상대방과 교역을 늘리고 투자를 유치하여 상호 도움이 되는 비즈니스를 영위하기 위해서는 우리가 경쟁국가에 비해 떨어지고 있는 부문의 경쟁력을 제고시키는 데 힘을 모아야 할 것이다. 이를 위해서 정부는 규제를 완화하고 부족한 사회간접투자를 확충하여 투자환경을 개선해야 한다. 그리고 국민들은 외국인에 대한 이해의 폭을 넓히고 외국어의 생활화를 꾀해야만 할 것이다.

구조조정과 경기부양은 동반자 관계?

요즈음 흔히 회자되고 있는 화두 중의 하나는 구조조정은 무엇이고, 경기부양은 무엇이며, 그 상관관계는 무엇인가 하는 것이다.

구조조정이 근본적으로 체형을 바꾸는 거시적인 과정이라고 하다면 경기부양은 기술적인 요인으로 상황에 대처하는 미시적인 액션이라고 할 수 있을 것이다. 즉, 한국 경제가 처해 있는 상황이 어느 때보다도 좋지 않다는 것은 누구나 아는 일인데, 이러한 한국 경제를 기본적이며 구조적으로 치유하는 근본적인 방법이 구조조정이 될 것이고 현재의 상황을 즉시 조금이라도 낫게 하는 방법이 경기부양책이다.

예를 들어 매우 몸이 허약한 환자가 있는데 특히 위궤양이 심해 수술을 받지 않으면 쾌유될 수 없는 상태라고 가정하자. 이 환자는 고통이 너무 심하고 먹을 수가 없어 기력이 날로 쇠약해지고 있는 상황이다. 이러한 환자를 만나 진찰을 한 의사가

ADD증후군(after downsizing desertification syndrome)

대규모 구조조정을 겪고 난 뒤 살아남은 구성원들이 겪는 '정신의 황폐화 현상'을 말한다. 대량 감원에서 살아남은 직장인들이 겪게 되는 불안, 우울증, 소외감, 적개심 등의 정신적 장애를 뜻한다.

할 수 있는 조치는 다음 세 가지 중의 하나가 될 것이다.

첫째, 수술에 들어가기 전 환자의 기초 체력이 너무 쇠약해 있기 때문에 우선 체력을 보강시키면서 그동안의 고통을 잠시나마 잊게 해주는 진통제를 투약하는 방법이 있다. 둘째, 환자의 상태가 체력적으로 견딜 수 있는 상태라면 바로 수술에 들어가는 방법이 있다. 셋째, 체력이 너무 저하되어 있지만 수술의 시기를 놓치면 환자의 생명이 위험한 경우는 수술 중에 환자가 죽는 한이 있더라도 수술을 감행하는 방법이 있을 것이다.

우리 경제의 경우 다행히 세 번째까지는 가지 않았다고 판단하는 것이 일반적인 인식이며 첫 번째에 해당된다고 보는 것이 정책 당국자들의 인식인 것 같다. 이때 환자에게 체력을 보강시키면서 진통제를 투입하는 과정을 경기부양책이라고 비유할 수 있으며 수술을 구조조정이라고 볼 수 있다.

따라서 경기부양책은 단기적인 처방으로 그것만으로는 경제를 완전하게 회생시킬 수 없기에 반드시 수술에 해당하는 구조조정을 과감하고 신속하게 때를 놓치지 않고 행하는 것이 중요한 이유가 여기에 있다.

정부에서 취하고 있는 일련의 조치들을 많은 학자들이 우려하는 시각으로 바라보고 있다. 그 이유는 경기부양책(진통제)에 의해 잠시 살아나는 경기를 환자의 소생으로 보고서 이에 따라 수술(구조조정)의 시기를 놓치는 큰 우를 범하지는 않을까 해서이다.

한국 경제라는 큰 배를 함께 타고 가는 국민 모두가 희망적인 경제회복을 기대하기 위해서 단기적인 경기부양에 만족하지 말고 구조조정에 동참하고 인내해야 하는 이유가 바로 여기에 있다.

휴가도 개인 경쟁력인 시대다

효율적인 휴가는 바쁘고 스트레스를 많이 받고 있는 현대인들에게 경쟁력 제고를 위한 재충전의 기회라고 할 수 있다. 많은 사람이 열심히 일한 후에 적절한 휴가를 통한 재충전의 기회를 갖지 못하여 건강을 잃어버리는 경우를 우리는 주변에서 흔히 보게 된다. 사람은 기계와 같은 무쇠 덩어리가 아니기 때문에 적당한 휴식과 재충전이 무엇보다도 필요하다.

요즈음같이 복잡하고 공해가 많은 도심에서 아침부터 저녁 늦게까지 일하고 피곤함과 스트레스를 풀기 위하여 마시는 술과 흡연으로 현대인들은 건강을 해치고 있다.

휴가는 일에 대한 반대의 개념으로 단순히 노는 것을 의미하지는 않는다. 많은 선진국 국민들은 1년에 그들의 근속연수에 따라 길게는 수개월씩의 휴가를 즐기고 있는데 반하여 한국인 대다수는 많아야 여름철에 가는 1~2주 정도의 휴가가 전부다. 흔히 말하는 '바캉스'라는 개념이 휴가의 전부인 셈이다. 바캉

모바일 뱅킹
(mobile banking)

휴 대 폰 또 는 PDA를 통해 인터넷과 결합해 다양한 금융서비스를 받거나 상거래대금 지급 결제수단으로 이용하는 서비스를 말한다.

152

스는 더위를 피한다는 '피서'의 개념이라고 할 수 있다. 여러 가지 휴가 중 한 형태라고 할 수 있는 바캉스를 우리는 휴가의 전부인 것처럼 인식하고 있다.

우리는 여름철에 대부분의 사람들이 무더위를 피해 바캉스를 떠나는 이유를 이해한다. 하지만 여름철에 집중되는 피서행렬 때문에 일어나는 많은 부작용을 자주 보게 된다. 7~8월에 몰리는 피서행렬로 인해 현지에서의 숙박시설에 대한 수요가 크게 늘어나 가격을 부채질하고, 피서 인파로 인해 주요 도로들이 자동차로 인산인해를 이루어 길에서 소모하는 자동차 연료의 양이 엄청나게 많아지게 된다.

선진국의 경우 휴가는 연중 본인이 원하는 때에 자유롭게 갈 수 있도록 제도적인 장치가 되어 있기 때문에 휴가를 개인의 경제적 사정과 건강상태 그리고 자기의 업무 특성에 맞추어 분산하여 즐긴다. 이렇게 휴가가 분산되면 휴양지에도 사람이 급격하게 늘거나 주는 기복이 많이 줄어 적절한 가격으로 숙박과 음식 등을 즐길 수 있고 길에서 버리는 시간도 대폭 줄일 수 있다. 또 조용하게 시간을 보낼 수 있어 개인의 재충전에도 크게 도움이 되는 선순환(Virtuous Circle)을 하게 될 것이다.

반면 우리의 경우 휴가를 떠나면서 길에 버리는 시간과 현지에서 소비하는 경제적인 부담 그리고 복잡한 상황에서의 불충분한 휴식 등으로 휴가에서 돌아와 더 피곤함을 느낀다. 이러한

모티즌(motizen)

걸어 다니면서 휴대폰 등의 이동통신 기기를 통해 인터넷을 즐기는 사람을 말한다. 이동전화의 모바일(Mobile)과, 네트워크(Network)와 시민(Citizen)을 결합한 네티즌(Netizen)의 합성어다.

경우는 악순환(Vicious Circle)에 해당된다고 할 수 있다.

  건전한 재충전의 기회를 가지려면 단순히 휴가는 피서라는 생각을 버려야 한다. 그리고 회사에서도 탄력적인 휴가제도를 마련하여 직원들이 자유롭게 휴가를 선택할 수 있는 배려를 해 준다면 선진국형 선순환을 이루는 휴가가 될 것이다.

  휴가는 재충전을 위한 중요한 기회이다. 재충전은 휴가를 효율적으로 활용하느냐에 따라 그 결과가 달라지기 때문에 현대인들은 휴가의 경제적 가치를 잘 인식하여 효율적으로 사용해야 자기의 경쟁력을 제고할 수 있을 것이다.

공기업은 공(空)기업인가?

최근 공기업의 실적이 발표되었다. 많은 공기업이 구조조정의 성과로 실적이 많이 호전되었다고 한다. 하지만 아직도 몇몇 공기업이 적자를 내서 문제가 되고 있다.

일반적으로 공기업이 이익을 내는 것은 지극히 당연하다고 할 수 있다. 왜냐하면 공기업은 일반 기업이 영위하기 어려운 사회간접자본에의 투자 등과 같은 대규모의 사업이나 독과점 사업을 하는 경우가 대부분으로 경쟁이 거의 없기 때문이다. 사업에 필요한 자금이나 기타 모든 인프라를 국가에서 제공하는, 경쟁이 없는 사업에서 이익을 내지 못한다면 그야말로 이상한 일이 아니겠는가.

중요한 것은 이익을 얼마나 효율적으로 내느냐이다. 비용을 최소화하고 효율적인 경영을 하여 이익을 극대화하는 것이 국가를 위하고 국민의 세금 부담을 줄여주는 일이 될 것이다.

공기업 경영을 보면 '땅 짚고 헤엄치기' 같은 경우가 많은데

바이오산업

협의의 정의는 유전자 조작기술을 이용해 단백질을 생산, 개량, 응용하는 산업을 말한다. 광의의 해석으로는 제약과 효소를 이용한 건강식품 등을 포함한 생명공학 전체를 일컫는다.

이익을 냈다고 이야기하는 것이 오히려 이상한 일이다. 그리고 우리는 공기업을 민영화한 경우에 보다 효율적인 경영으로 더 크게 성공하는 것을 자주 볼 수 있게 되는데, 이것은 바로 기업 경영의 노하우와 효율성의 차이 때문이라고 할 수 있다.

공기업이 사기업보다 효율성이 떨어지는 이유는 몇 가지로 나누어볼 수 있는데, 첫째는 정신자세라고 할 수 있다. 공기업은 망한다는 생각을 하지 않기 때문에 사기업을 운영하는 사람들보다 정신이 해이해질 수밖에 없다.

둘째는 구성원들의 전문성이라고 할 수 있다. 경영층부터 많은 중간관리층의 구성원들이 정부에서 낙하산식으로 옮겨지는 경우가 허다하기 때문이다. 기업경영의 기본은 전문성인데 이것이 부족하니 효율적인 경영이 될 수가 없는 것이다.

셋째는 정부의 통제와 간섭을 들 수 있다. 기업경영이라는 것은 현장의 상황 변화에 민감하고도 능동적으로 대처해야 되는데도 불구하고 간섭과 통제로 기능을 제대로 수행할 수 없는 경우가 허다하기 때문이다.

그래서 가급적 공기업은 주변 환경이 허락하는 한 빨리 민영화하여 급변하는 기업환경에서 효율적으로 운영되도록 해야 한다. 이렇게 해야 우리 공기업들의 국제경쟁력이 보다 빨리 길러져서 국가 발전에 더 많이 이바지할 수 있기 때문이다.

최근 공기업에 대한 각계의 평가를 보면서 사기업에 오랫동안 근무한 사람으로서 느끼는 점은 공기업을 빨리 민영화할수록 우리 경제에 플러스 요인이 된다는 것이다. 빠른 시일 내에 공기업들이 긍정적인 변화를 하기를 기대해본다.

글로벌 경쟁력과 사내 커뮤니케이션

배드펀드
(bad fund)

투신사 신탁재산
에 있는 부실채권
을 한 곳에 집중시
킬 목적으로 설정
하는 펀드이다. 부
도채권, 어음 등 나
쁜(bad) 자산만 편
입한다고 해서 배
드펀드로 불린다.

세계화란 각기 다른 분야에서 다르게 정의될 수 있지만 세계경제의 측면에서 보면 지금까지 각국의 산업보호를 위해 외국의 인적·물적 자원의 자국시장 진입을 어떤 형태로든 막아오고 보호되던 시장이 완전하게 상호개방되어 자유롭게 거래될 수 있는 하나의 거대한 세계시장으로 변한다는 의미이다.

이러한 세계화는 지금까지의 고정관념과 가치관으로는 뛰어넘을 수 없는 높고 강한 파도로서 우리는 세계화시대를 맞이하여 새로운 가치관과 경쟁력 제고를 위하여 사태를 정확하게 이해하고 대응할 수 있도록 준비해야 한다. 그리고 알다시피 정보통신기술과 교통수단의 급속한 발달이 세계화를 급속하게 진전시켜주는 요인들이 되었다. 이러한 경제적·사회적 변화는 우리에게 당연히 새로운 가치관과 행동양식의 변화를 요구하며 이러한 변화를 극복하지 못하는 사람과 국가는 새로운 21세기의 주역이 되기 어렵다.

기업은 세계화시대에 글로벌 경쟁력을 갖추기 위하여 여러 가지 할 일이 많겠지만 기업 내부에서 반드시 개선해야 할 중요한 경영과제 중의 하나는 사내 커뮤니케이션의 활성화이다.

기업의 종국적인 목표는 이윤극대화를 이루는 데 있다. 기업이 이윤을 극대화하기 위해서는 생산과 판매를 비롯해 재무, 인력 등 많은 경영 요소들이 유기적으로 결합되어 내적으로는 생산성을 향상시키고 서비스의 질을 높여야 하며 외적으로는 고객을 만족시켜야 한다.

제품을 생산하면 비교적 쉽게 팔 수 있던 과거 '판매자 중심의 시장'에서는 기업들의 경쟁에 대한 부담은 상대적으로 적었지만 1970년대 이후 세계시장 구조가 변화하고 국제화, 세계화가 가속되면서 시장은 '소비자 중심의 시장'으로 변했으며, 이러한 시장상황에서 기업은 한층 더 긴장하게 되었다.

경쟁상황이 격화되면서 기업들은 내부적으로 보다 효율적으로 단합된 힘을 모아야 한다는 것을 인식했으며, 기업의 규모가 대형화되면서 내부의 힘을 효율적으로 모으는 것 또한 쉽지 않다는 것도 인식하게 됐다.

공룡이 지구상에서 멸종된 이유를 빙하기의 도래 등과 같은 고전적인 주장을 뛰어넘어 일부 커뮤니케이션 학자들은 작은 쥐에 의해 멸종했다는 믿기 어려운 의견을 제시하고 있다. 이 주장에 따르면 최고의 위치에서 지구를 지배해온 공룡은 적으로부터 방어할 필요성을 전혀 느끼지 않아 피드백 커뮤니케이

버추얼 핀
(virtual pin)

1994년 5월 미국의 퍼스트 버추얼 사가 인터넷상의 전자상거래에서 결제 서비스를 제공하면서 시작된 최초의 네트워크형 전자화폐이다. 버추얼 핀은 고유의 암호체계를 가지고 있기 때문에 신용카드보다 보안이 뛰어나다.

션 능력이 도태되었고, 이 틈을 타 쥐가 항문을 통해 공격하여 내장을 손상시켰기 때문이라는 것이다. 진실 여부를 떠나 경영학자들은 이 가설을 대기업에 나타나기 쉬운 비효율적인 커뮤니케이션에 따른 경쟁력 약화라는 측면에 대한 경계의 예로 설득력 있게 쓰고 있다.

커뮤니케이션 학계의 저명한 학자인 스캐넬(Scannell) 교수는 그의 저서 『리더십을 위한 커뮤니케이션』에서 영리, 비영리 단체의 조직원을 대상으로 실시한 연구를 발표했는데, 동일한 언어와 문화 속에서 조직원 상하간 커뮤니케이션의 전달률이 최대 70%를 넘지 않는다고 밝혔다.

이것은 기업이 커지면 커질수록 계층도 늘어나기 마련이고 많은 계층을 사이에 두고 최고 경영층과 직원 간의 효율적인 커뮤니케이션이 얼마나 어려운지를 보여준다. 따라서 경영자들은 어떻게 하면 계층간의 커뮤니케이션 전달률을 높여 회사의 힘을 한 곳에 집중시킴으로써 경쟁력을 높일 수 있는 커뮤니케이션 시스템을 갖출 것인지에 대해 연구해야 한다.

선진국의 거대한 다국적 기업들은 이러한 이유로 기업의 커뮤니케이션 시스템을 점검하고 자기 회사의 특성에 맞는 커뮤니케이션 시스템을 개발하고 유지하는 데 많은 비용을 들이고 있다.

일반적으로 '기업 커뮤니케이션'은 크게 '사외 커뮤니케이션'과 '사내 커뮤니케이션'으로 나뉜다. 이 중 후자는 직원 전체의 커뮤니케이션을 지칭하며 이때 직원은 가족을 포함하는 의미로 볼 수 있다. 즉, 회사의 직원과 그 가족 모두가 가장 빠른 시간 내에 회사의 가장 정확한 정보를 공유하고 이해하여 회사라는 커다란 배의 노를 함께 저어 힘을 모을 수 있도록 하는 노력이 바로 사내 커뮤니케이션이다. 이러한 사내 커뮤니케이션을 통해 기업은 앞서 예로 들었던 공룡 멸종이야기와 스캐널 교수의 단계별 전달률 연구 결과에서 주는 시사점을 극복하고 경쟁력을 높일 수 있게 되는 것이다.

세계적인 기업들이 과거 등한시한 기업 커뮤니케이션, 특히 사내 커뮤니케이션에 많은 비용과 노력을 들이고 있는 이유가 바로 여기에 있다.

GE의 전 회장 잭 웰치는 "열 번 이야기를 할 때까지는 한 번도 이야기한 것이 아니다"라고 강조했는데 이것은 바로 커뮤니케이션이 얼마나 어려운지를 입증하는 이야기가 아닌가 한다.

21세기 글로벌 경쟁시대를 맞이한 우리는 사내 커뮤니케이션이 글로벌 경쟁력을 높일 수 있는 아주 중요한 경영 요소임을 다같이 인식해야 할 것이다.

**베세토 벨트
(BESETO velt)**
베이징, 서울, 도쿄를 연결하는 동북아 중심의 도시 연결축을 말한다. 한국, 중국, 일본 3국의 수도를 하나의 경제단위로 묶는 초국경 경제권역으로 21세기에는 NAFTA, EU와 함께 세계경제질서를 삼분하는 동북아 경제의 중심축으로 부상할 전망이다.

요즈음 필자는 강연 관계로 지방 정부와 자치단체를 많이 찾게 된다. 또한 개인적인 일로 동사무소나 자치단체를 찾기도 하는데 눈에 띄게 달라진 것을 발견하게 된다.

우선 정부와 자치단체의 건물 분위기가 사뭇 과거와는 달리 많이 세련되고 쾌적해진 것을 알 수 있다. 하드웨어적인 변화를 읽을 수 있는 대목이다. 한편 공무원들의 자세가 서비스 지향적으로 바뀌어 전에 비해서 많이 친절해졌고 고객 지향적으로 바뀌려고 노력하는 면모를 볼 수 있어 매우 긍정적이라고 할 수 있다.

정부와 자치단체의 서비스 개선 노력은 우리나라의 국가경쟁력과 직결된다고 할 수 있다. 왜냐하면 서비스 향상은 국민들의 일이 보다 효율적으로 처리되고 시간을 절약하는 동시에 정신적으로 부담을 덜게 하여 경쟁력이 제고되기 때문이다.

그러나 하드웨어적인 개선보다 더욱 중요한 것은 정부와 자

보보족(bobos)

1960년대의 히피, 1980년대의 여피 등과 마찬가지로 21세기 디지털 시대의 개인의 라이프사이클과 의식 수준에 대한 분석을 통해 이름 붙여진 보보족은 부르주아(bourgeois)와 보헤미안(bohemians)의 합성어이다. 미국 작가 데이비드 브룩스가 『보보스 인 파라다이스(Bobos In Paradise)』란 책에서 처음 명명한 말이다.

치단체에서 근무하는 사람들의 사고방식의 진정한 개선, 즉 소프트웨어적인 변화이다. 소프트웨어적인 변화가 있으려면 공무원들이 행하는 서비스가 왜 국가경쟁력에 직결되는지를 이해하는 것이 중요하다.

국가경쟁력을 제고하려면 정부, 기업, 공공부문, 가계 등의 경쟁력이 골고루 향상되어야 하는데 그 중에 정부가 국가경쟁력의 큰 틀을 마련해주는 중추역할을 하기 때문에 가장 중요하다고 할 수 있다. 그러나 우리 정부의 경쟁력은 이전에 비해 많이 개선되었으나 아직도 개선해야 할 측면이 많다.

먼저 새로운 환경에 적응하기 위한 부단한 노력을 해야 한다. 과거와 같은 구태의연한 사고방식으로는 새롭게 바뀌는 환경에 능동적으로 대처할 수 없기 때문이다. 세계가 어떻게 돌아가고 있고 우리의 경쟁국가들이 어떻게 준비하고 있는지를 잘 파악하여 기업체와 국민들을 이끌어주고 밀어주는 효율적인 지원체제를 갖추어야 한다. 공직자들의 효율적인 지원체계는 기업과 국민의 활동을 보다 신속하고 경쟁력이 있게 해주므로 국가경쟁력과 직결된다.

따라서 공직자들의 구태의연한 사고방식이나 행동양식이 바뀌어야 한다. 뛰는 선수들을 뒤에서 밀어주고 앞에서 끌어주지는 못할망정 방해가 되고 뒷다리를 잡는 일은 결코 없어야 할테니까 말이다.

인터넷 혁명시대의 주역이 되려면

세계지식포럼에 참가하기 위해서 한국에 왔던 마이크로소프트 사의 빌 게이츠 회장은 "조만간 인터넷 거품이 걷히면서 완전히 새로운 인터넷 시장이 형성될 것이다"라고 전망했다.

세계가 아주 빠른 속도로 인터넷 혁명에 휘말리고 있는 가운데 우리나라는 초고속 인터넷 보급률이 OECD 즉, 경제협력개발기구와 국제전기통신연합에 의해 세계 1위로 선정되었다. 4가구당 1가구꼴로 초고속 인터넷이 있으며 한 달 평균 인터넷 사용시간이 19시간 20분으로 세계 최고를 기록하고 있다. 그것도 2위인 홍콩(12시간 12분), 3위인 미국(10시간 19분)과 상당한 격차가 있다.

더구나 한국은 세계 최대의 반도체 생산국가이면서 휴대용 전화기 보급률도 아시아 최고로서 상당한 인터넷 인프라스트럭처를 구축하고 있는 것이다.

이런 가운데 최근 한국인터넷정보센터에 따르면 2002년 9월

말 기준으로 인터넷을 이용하는 사람은 모두 2,412만 명(55%)으로 집계되어 인구의 절반 이상이 네티즌이라는 이야기다. 따라서 세계에서 인터넷에 관한 한 최고의 국가가 될 수 있는 기초는 갖추었다고 할 수 있다.

그런데 정말 중요한 것은 진정한 인터넷 강국이 되기 위한 필수 조건을 갖추는 것이다. 진정한 인터넷 강자로서의 등극을 위한 필수 조건 중에 가장 중요한 요소는 바로 네티즌들의 세계어 실력 향상이라고 할 수 있다.

이제 누구나 인터넷의 넓은 세상에 들어가서 마음껏 서핑을 하면서 세계의 각종 정보를 활용하여 자신의 경쟁력을 제고할 수 있는 환경은 구비되어 있다. 그런데 인터넷에서 정보를 접하고도 빠른 시간 내에 소화할 수 있는 어학 실력이 없다면 그야말로 말짱 도루묵이 될 수 있다. 현재 세계 웹사이트에 들어가 있는 모든 정보의 90% 이상이 영어로 되어 있다는 사실은 왜 우리가 세계어를 더욱 열심히 하지 않으면 안되는가에 대한 답이 될 수 있을 것이다.

다시 말해 누구나 인터넷 사이트에 들어갈 수는 있으되 획득한 정보를 마음껏 활용할 수 있는 실력이 없으면 곤란하다는 이야기가 된다.

우리 인구가 4,800만 명이나 되는데 인구 320만밖에 안되는 싱가포르에 뒤지는 근본적인 이유 중의 하나는 우리 국민들의 국제경쟁력이 낮기 때문이다. 많은 숫자가 인터넷을 하는 것도 중요하지만 더욱 중요한 것은 우리 모두 정예부대가 되어야 한다는 것이다.

커뮤니케이션도 경쟁력이다

세상을 살아가는 데 사람은 하루에 최소한 2,500여 번의 커뮤니케이션을 한다고 한다. 자기 자신과 하는 커뮤니케이션과 타인과 하는 커뮤니케이션 그리고 주변환경을 보면서 하는 커뮤니케이션이 있는데, 이 모든 커뮤니케이션의 연속선상에 있는 것이 우리의 생활이라는 것이다.

아침에 눈을 뜨면서부터 시작하여 잠들 때까지 그리고 때때로 꿈에서도 커뮤니케이션을 하는 것이 사람이다. 이토록 커뮤니케이션을 많이 하는 것이 사람이니 사람에게 있어서 커뮤니케이션은 매우 중요하다. 따라서 커뮤니케이션을 어떻게 효율적이고도 효과적으로 하느냐에 따라서 사람이 성공할 수도 있고 실패할 수도 있다.

비즈니스에서 커뮤니케이션은 더욱 중요하다고 할 수 있다. 왜냐하면 비즈니스 자체는 커뮤니케이션의 결과라고 해도 과

불릿채권
(bullet bond)

채권이 만기 이전에 발행자의 선택에 따라 미리 정해진 가격으로 상환되는 것을 수의상환이라 하는데, 이러한 채권 원금의 중도상환이 인정되지 않고 만기에만 상환토록 되어 있는 채권을 말한다. 수의상환금지사채라고도 한다.

언이 아니기 때문이다. 비즈니스 관계로 사람을 만나서 성공하기 위해서는 상대방을 잘 설득해야 하고 상황을 이해시키기 위해서는 효율적인 커뮤니케이션을 해야 한다. 커뮤니케이션을 잘하기 위해서는 몇 가지 염두에 두어야 할 점들이 있다.

첫 번째가 You Attitude라고 해서 상대방 입장에서 생각하는 자세이다. 이것은 매사 커뮤니케이션을 할 때 상대방을 이해하려는 노력이 있어야 한다는 것을 의미한다.

두 번째는 Halo Effect(후광효과)라는 것이 우리를 지배한다는 사실을 인식하는 것이다. 후광효과란 첫 번째 주는 인상이 상당부분 상대방을 지배한다는 것으로 첫 인상을 좋게 남기는 것이 중요하다는 뜻이다.

세 번째는 경청하는 자세를 꼽을 수 있는데 성공하는 사람들은 남의 말을 잘 경청하는 사람들이라는 사실을 염두에 둘 필요가 있다.

마지막은 한 번 만난 사람과 헤어졌을 때 커뮤니케이션이 단절되지 않고 지속될 수 있도록 Follow-Up을 하는 것이다. 일반적으로 사람들은 정식으로 인사를 나누었다고 해도 헤어진 후 2주 정도 지나게 되면 기억에서 대부분 지워져 잘 생각나지 않는 것이 보통이기 때문이다. 항상 사람을 만나고 난 후에는 전화나 방문을 한다든지 혹은 편지를 써서 상대방의 기억 속에 잘 각인이 되도록 커뮤니케이션을 하는 것은 매우 유용하다.

똑같이 사람을 만나면서도 어떤 사람은 소위 인적 네트워크가 풍성한 사람이 되는 것은 효율적이고도 효과적인 커뮤니케이션을 꾸준히 한 결과일지도 모른다.

커뮤니케이션은 분명 개인경쟁력의 중요한 요소이다.

블루 라운드 (blue round)

노동라운드. 각국의 근로조건을 국제적으로 표준화하려는 목적으로 추진되는 다자간 협상으로 1994년부터 국제노동기구를 중심으로 본격 논의되기 시작했다. 아동노동과 강제노동을 금지하는 국제노동기구 규범을 충족시키지 못하는 국가에서 수출되는 상품을 규제하는 것을 내용으로 한다.

여성의 사회참여가 곧 경쟁력이다

요즈음 경제계에서 여성파워가 갈수록 커지고 있다. 중소기업청은 2001년 말 기준으로 우리나라 1인 이상 사업체 중에서 여성이 대표로 있는 곳은 전체의 35.1%에 해당하는 1백만 3천9백 개, 여성 대표의 숫자가 처음으로 100만 명이 넘었다고 발표했다.

여성이 대표인 사업체의 증가는 여성들의 활동에 대한 사회 인식이 크게 개선된 데다가 외환위기로 여성들의 창업이 크게 늘었기 때문이다.

여성이 운영하는 사업체가 크게 늘어난 반면에 넘어야 할 한계 또한 많은 것이 사실이다. 1백만 명이 넘는 여성 사장 중에서 중소기업 수준을 벗어난 사람은 9백여 명에 불과하고 70% 이상이 도·소매업과 숙박업 그리고 음식업 종사자인 것으로 나타났기 때문이다. 780개 코스닥 등록 업체 중에서 여성이 사장인 회사는 10개에 불과한 실정인 것이 이를 반증하고 있다.

창업에 비하면 대기업에서 여성의 역할은 훨씬 더 제한적이라고 할 수 있다. 4천여 명에 이르는 10대 그룹 임원 중에서 오너의 친인척을 제외하면 여성임원은 8명에 불과한 형편이다.

21세기에 우리나라가 선진국으로 진입하기 위해서는 인력의 경쟁력을 극대화해야 하며, 이를 위해서는 상당 부분 사장되고 있는 여성 인력의 발굴과 투입이 효율적으로 이루어져야 한다. 선진국에 비해서 여성 인력의 활용도가 지극히 낮은 우리나라는 이 부분에 대한 집중적인 투자와 인식의 전환이 필요하다. 지금까지 우리 사회에 퍼져 있는 남존여비 사상이 많이 수그러든 것이 사실이지만 저변에 깔려 있는 여성에 대한 편견은 여전한 것으로 판단된다.

여성 스스로도 새로운 모습으로 거듭날 수 있도록 실력을 키우는 노력을 해야 할 것이다. 사회에서의 실력이란 공부를 잘하는 것뿐만 아니라 사회활동을 하는 데 필요한 다양한 능력을 의미하므로 이러한 능력을 제고하려는 노력도 병행되어야 한다.

주변에서도 여성 인력의 사회참여가 보다 적극적으로 이루어질 수 있도록 열린 마음으로 지켜보고 격려하고 끌어주는 자세를 가져야 할 것이다. 여성의 사회참여가 높을수록 우리나라의 경쟁력도 그만큼 높아지기 때문이다.

한국 정치경쟁력 52위

한국의 정치경쟁력이 중국보다 낮으며 필리핀, 아르헨티나와 비슷한 수준이라는 조사결과가 나와서 충격을 주고 있다.

한국의 정치 행태를 지켜보면서 형편없는 수준이라는 것은 짐작했지만 국가부도가 난 아르헨티나와 비슷한 수준이라는 사실에는 경악을 금할 수 없다.

「매일경제신문」의 기획취재팀이 세계적인 컨설팅회사인 맥킨지 리서치팀의 도움을 받아 세계경제포럼, 스위스 국제경영개발원 등의 보고서를 심층 분석한 결과 이같이 밝혀진 것이다.

최근 발표된 세계경제포럼 2002년 세계경쟁력보고서에서 조사대상 총 75개국 중에서 정치경쟁력이 52위로 중국(37위)과 필리핀(51위)보다도 뒤처지는 것으로 나타났다.

특히 한국 정치경쟁력은 과학기술(9위), 거시경제환경(8위) 등 다른 부문에서 평가받고 있는 우수한 잠재력을 크게 훼손시키고 한국의 종합경쟁력(23위)을 떨어뜨리는 요인으로 작용하고 있다.

　기회가 있을 때마다 강조하는데 정치는 경제를 위해 존재하는 것이다. 국민들을 잘 살게 하고 편안하게 해주기 위해서 정치와 행정이 존재해야 한다는 말이다.

　그런데 우리나라의 정치는 항상 경제의 발목을 잡는다는 오명을 벗지 못하고 있다. 한국 재계를 대표하는 전국경제인연합회가 정당하지 못한 정치자금은 절대로 낼 수 없다는 성명을 발표하고 여당과 야당은 이에 대해 긍정적인 화답을 했다. 그러나 그것이 실현될 수 있을 것이라고 믿는 사람은 그리 많지 않은 것 같다.

　기업을 하는 사람들이 제일 싫어하는 것이 선거라는 말도 있을 정도이니 우리의 정치환경이 어느 정도인지 가늠해볼 수 있다.

　21세기에 우리가 선진국으로 도약하기 위해서는 국제경쟁력이 반드시 제고되어야 하며 국제경쟁력 제고에 걸림돌이 되고 있는 정치경쟁력을 국민 모두 노력하여 높여야 할 것이다. 이를 위해서 정치인들은 자신들의 사명이 국가의 경쟁력 제고를 통해 국민들의 삶의 질을 높이는 데 있다는 것을 명심하여 경제를 우선적으로 생각하는 노력을 해야 할 것이다. 그리고 유권자들은 돈의 유혹을 과감하게 뿌리쳐서 돈이 들지 않는 선거 풍토를 조성하여 정치를 조금이나마 깨끗하게 하는 데 일조할 수 있도

새도 보팅
(shadow voting)

뮤추얼펀드가 특정기업의 경영권을 지배할 정도로 지분을 보유할 경우 그 의결권을 중립적으로 행사할 수 있도록 제한하는 제도로 다른 주주들이 투표한 비율대로 의결권을 분산시키는 것을 말한다.

록 노력해야 할 것이다.

한국 정치경쟁력 52위라는 오명을 빠른 시일 내에 벗을 수 있도록 노력하는 정치인들이 앞으로 있게 될 선거에서 많이 나오기를 기대해본다. 정치는 경제를 위해서 존재하기 때문이다.

신용사회에 개인 신용관리는 어떻게?

공정거래위원회가 은행의 기본약관을 개정해서 시행토록 했다. 이 개정된 약관은 개인이 은행에 좋은 신용을 쌓아두면 다음 번에 은행에서 돈을 빌릴 때 다른 사람보다 낮은 이자로 빌릴 수가 있게 됨을 명시한다.

지금까지는 은행이 일방적으로 정해놓은 이자율에 모든 사람이 따라야 한 것에 비하면 아주 많이 변한 것이다.

고객이 고정금리와 변동금리 중에 선택할 수 있는 권리가 명문화되고 대출 관련 비용도 고객이 일방적으로 부담하는 것이 아니라 고객의 귀책사유에 따라서 발생한 부분에 대해서만 부담하게 된다. 기본적으로 은행과 개인 관계에서 개인의 권익이 보강된 것이다.

과거 우리는 은행의 문턱이 참으로 높다는 것을 실감하면서 살아왔다. 돈의 흐름을 관치금융에 의해서 정부와 은행이 칼자루를 잡고 운용해왔기 때문이다.

성장잠재력

한 나라의 경제가 보유하고 있는 자본, 노동력, 기술을 모두 투입해 물가를 자극하지 않고 생산할 수 있는 잠재적인 성장 능력을 말한다. 성장잠재력을 강화시키기 위해서는 자본, 노동, 기술 등 생산요소를 성장잠재력에 맞춰 확충해야 한다.

**세이프가드
(safeguard)**

특정품목의 수입
이 급증해서 국내
의 경쟁업계에 중
대한 손해를 입히
거나 그 우려가 있
다고 판단되는 경
우에 GATT 가맹
국이 발동하는 긴
급 수입제한 조치
를 말한다.

은행에 가면 은행원이 늘 고객 위에 있는 것 같은 느낌을 떨쳐버릴 수 없었는데 늦기는 했어도 새로운 개념으로 은행과 고객의 관계가 정립되어간다는 것은 참으로 반가운 일이 아닐 수 없다.

이제는 우리가 자기 신용관리를 철저하게 해야 하는 시대가 온 것이다. 여러 은행을 거래하는 것보다 자신에게 잘 맞는 은행을 선택하여 집중적으로 자기의 신용을 쌓아나가야 할 것이며 이자의 납부도 정확하게 해서 은행의 신용관리에 티를 남기지 않는 것이 중요하다. 또한 모든 은행의 전산망이 통합, 관리되고 있기 때문에 개인의 신용이 전체적으로 투명하게 관리된다는 것을 분명하게 인식하는 것도 필요하다.

선진국은 이러한 개인 신용관리체제를 오래 전부터 가지고 있었기 때문에 어려서부터 자신의 신용관리가 인생을 살아가는 데 얼마나 필요한지를 잘 교육받으면서 자라게 된다. 따라서 자신의 신용에 대해서는 아주 철저한 경우를 많이 보게 된다. 이것이 그들의 경쟁력 제고의 요소일 수 있다.

우리도 앞으로는 자신의 신용관리 노력에 따라 대접을 달리받는 사회에 살게 될 것이기 때문에 어려서부터 자기 신용관리의 중요성을 잘 일깨워주어야 한다. 신용사회가 바로 선진국사회이며 이런 사회에서 대접받고 사는 사람이 선진 시민인 것이다.

글로벌 기업은 왜 한국을 싫어하는가?

세계 각국을 공략하는 세계기업들은 각 지역별로 그들의 근거지를 두게 된다. 이러한 근거지를 우리는 지역본부라고 칭하는데 우리나라의 기업들도 해외 각 지역을 총괄하는 지역본부를 두고 활동하고 있다.

지역본부는 그 지역의 각 지사를 관리하면서 지역의 통합적인 시너지 효과를 극대화시켜 이윤을 극대화하는 데 그 목적이 있다. 따라서 지역본부를 두게 되는 국가나 도시는 나름대로 그 목적을 충족시켜줄 수 있는 최적의 곳이라야 한다.

최근 미국의 경제전문지 「포춘(Fortune)」의 조사에 따르면 글로벌 기업의 아시아 · 태평양 지역본부 실태를 조사한 결과 서울에 나와 있는 다국적기업의 지역본부는 포드자동차의 부품부문 단 한 곳인 것으로 나타났다.

이 조사는 「포춘」이 선정한 글로벌 500대 기업에서 상위 100대 기업을 대상으로 조사한 것이다. 조사 결과에 따르면 100대

소프트노믹스

지식과 정보의 가치가 높아지고 경제 · 사회의 소프트화가 진행되고 있기 때문에 경제 운영방식도 이에 맞춰 바꿔야 한다는 주장에서 나온 용어로 소프트와 이코노믹스의 합성어다.

기업 중 아시아·태평양 지역본부를 별도로 가지고 있는 다국적 기업은 총 50개이며, 이 중 대부분은 홍콩과 싱가포르에 지역본부를 두고 있는 것으로 나타났다.

ING 그룹, 필립모리스, AT&T를 비롯한 총 24개 업체가 홍콩에, 엑손모빌, 제너럴 모터스, 시티그룹과 같은 20개 업체가 싱가포르에 지역본부를 두고 있으며 중국과 호주가 각각 2개씩을 두고 있다.

이와 같이 다국적 기업들이 한국에 지역본부를 두고 있지 않은 이유는 '언어 소통상의 문제'도 있지만 '기업하기도 힘들고 규제가 많은 나라'라고 인식되고 있기 때문이다. 글로벌 기업들이 일본에 본부를 두고 있지 않은 이유도 같은 맥락에서 찾을 수 있을 것이다.

세계 일류기업들의 지역본부를 유치하는 것은 그 나라의 경제적 위상을 높여주는 효과가 있기 때문에 싱가포르와 홍콩은 세계적 기업들의 아·태 지역본부를 유치하기 위해서 정부가 직접 뛰고 있는 것이 현실이다.

최근 중국이 베이징과 상하이 푸둥 지구를 글로벌기업의 비즈니스 중심지로 육성하기 위해서 기업 규제를 줄이고 세제 지원책을 다양하게 마련하고 있는 데 주목해야 한다.

바야흐로 세계는 세계화라는 물결 속에 깊숙이 진입하고 있는 상황이다. 이러한 세계화의 물결 속에서 경쟁력을 갖추고 살

수익사채
(income bond)
　기업의 수익이 없을 때는 이자를 지급하지 않는 사채이다. 따라서 수익사채의 이자는 그 원천이 기업 이윤이므로 주식의 이익 배당과 거의 비슷하나 주주총회의 의결권이 없고 일정률의 이자를 받는 점에서 주식과 다르다.

아남기 위해서는 정부와 기업 그리고 국민 모두 외국 기업들이 한국 내에서 활동하기 좋은 여건과 환경을 마련해주는 것만이 유일한 대안이다.

한국과 중국의 기업환경 비교

한국의 많은 기업들이 공장을 중국이나 기타 개도국으로 옮기는 현상은 어제, 오늘의 일이 아니다. 하지만 지난 10여 년 동안 외국으로 공장을 옮기는 기업들의 숫자가 크게 늘어나는 것에 유의해야 할 것 같다.

기업이 투자한 돈에 대한 이익이 더 많이 나는 곳으로, 즉 경쟁력이 있는 곳으로 거점을 옮기는 것은 어쩌면 지극히 당연한 일이다.

최근 우리 기업들이 가장 많이 이전하고 있는 국가는 중국이다. 2002년 5월 16일 전국경제인연합회가 중국의 파격적인 기업경영환경을 조사해 이를 우리나라와 비교한 자료가 나왔다.

70개 우리 기업의 한국과 중국 내 사업장 각각 44개를 대상으로 조사한 결과는 대단히 충격적이다.

특히 제조업이 사업을 벌이기에는 제반 조건이 중국이 절대적으로 나은 것으로 나타났다. 제조업 생산활동과 경쟁력에 가

장 큰 영향을 주는 임금비교에서 중국 현지 생산직 근로자는 국
내 평균(7.7달러)의 8분의 1 수준인 시간당 0.92달러를 받는 것
으로 나타났다. 중국에서는 지역에 따라 임금 차이가 크게 나고
있으나 도시 지역에서도 우리나라의 4분의 1 수준밖에는 안되
는 것으로 나타났다. 물론 근로자들의 생산성이라는 요소가 감
안이 안된 수치이기는 하나 생산성을 감안하더라도 우리나라
평균의 2분의 1이 안되는 것으로 알려지고 있다.

공장설립과 운영에 드는 비용도 중국이 압도적으로 저렴하
다. 은행금리와 법인세율도 우리나라보다 2% 정도가 낮다. 공
장 분양가는 우리나라의 4분의 1 수준이다. 중국이 도로 항만과
같은 사회기반시설과 물류시스템이 부족하지만 이 역시 상대
적인 비교에서는 별 문제가 안되는 것으로 나타났다. 특히 기업
활동을 제약할 수 있는 정부 규제도 중국의 상황이 월등히 좋은
것으로 나타나 우리의 예상을 빗나가고 있다.

전국경제인연합회에 따르면 "유리한 입지조건을 활용하려
는 선진기업이 늘어나면서 이를 통해 기술을 흡수한 중국의 경
쟁력이 곧 한국을 앞지를 것이다"라고 분석하고 있다.

수차례에 걸쳐서 강조하지만 기업이 활동하기 좋은 환경을
갖추어 놓으면 기업들은 자연스럽게 우리나라에서 활동하게
되어 있으며 다른 선진국의 기업들도 우리나라로 이전하게 되
어 있다. 중요한 것은 이러한 환경의 조성은 정부의 몫이라는
것이다.

신BIS비율

대출기업 등에 대한 신용리스크만 감안한 기존의 BIS 비율과는 달리 신용리스크 외에 시장 리스크까지 감안한 새로운 형식의 은행건전성 평가 기준을 말한다.

100세 기업의 장수 비결

한국에도 100세가 넘는 기업들이 있다. 조흥은행이 107주년을 맞이한 것이 대표적인 예다. 그러나 실제로 100세 기업이 된다는 것은 참으로 어렵다고 할 수 있다. 사람의 수명도 100세를 넘기기가 어려운 것과 같은 이치이다. 그런데 107년 된 조흥은행이 20년 정도 된 신한금융지주회사로 넘어가면서 많은 사람들은 더욱 오래되고 큰 은행이 어떻게 역사도 짧고 작은 은행에게 넘어갈 수 있는지 의구심을 가지게 되었다.

세계에서 기업활동하기가 가장 좋다는 국가 중의 하나인 미국에서도 기업의 평균수명은 10년이 안되며 우리나라는 5년 정도밖에 안된다고 한다. 우리 주변의 기업들이 창립 30주년 또는 40주년을 맞이하는 경우가 있는데 이와 같은 기업은 평균수명을 훨씬 상회하여 유지되고 있는 것이다.

그렇다면 기업의 평균수명이 짧은 이유는 무엇일까? 그 답은 기업경영이 어렵다는 데 있다. 창업을 할 때와 기업을 성장 발전시키는 과정에서 많은 경영환경의 변화를 겪게 되는데 기업이 경영환경의 변화에 적절히 대처하지 못하면 결국 낙오하게 되는 것이다.

최근 자료를 보면 세계 장수기업 중에 우리가 잘 아는 기업들이 많이 있다. 포드(101년/미국), 캐리어(102년/미국), 할리데이비슨(101년/미국), 듀폰(202년/미국), 존슨&존슨(118년/미국), 3M(102년/미국), 바이엘(105년/독일), 바스프(139년/독일), 필립모리스(151년/미국), HSBC(139년/영국), P&G(167년/미국) 등이 이에 속한다.

이러한 기업들을 보며 우리는 '오랫동안 기업을 성공적으로 운영하는 방법'에 대한 문제에 봉착하고 만다. 필자는 문제의 해결을 위해 이러한 기업들의 공통점과 특징을 살펴보며 장수기업의 성격을 이해하는 것이 우리 기업들의 장래를 위한 좋은 벤치마킹의 자료가 될 것이라 확신한다.

다음은 장수 기업들의 몇 가지 공통점이다.

이들 기업의 첫 번째 공통점은 전문성을 가지고 있다는 것이다. 할리데이비슨은 오토바이, 포드는 자동차, 듀폰은 화학제품, 캐리어는 에어콘, 바이엘은 의약품, 바스프는 화학, 필립스는 가전제품, HSBC는 금융업으로 100년 이상을 한 분야에 집중한 것이다. 그야말로 전문기업인 것이다.

두 번째 특징은 변화하는 경영환경에 능동적으로 대처하였

엄브렐러펀드
(umbrella fund)
하나의 모펀드 아래에 채권형 상품인 MMF 공사채형펀드와 주식형펀드 5~6개 정도를 자펀드 형식으로 모아놓고 수수료 없이 1년에 12번씩 시장 상황에 따라 자펀드를 옮겨갈 수 있도록 만들어 놓은 펀드이다.

다는 것이다. 조직의 유연성과 더불어 조직 전체가 하나가 되어 노력을 해온 것이 그들을 오늘까지 있게 한 매우 중요한 원동력이 된 것이다.

기업 운영에 실패하는 이유는 여러 가지가 있지만 대부분의 경우 경영환경 변화에 신속하게 대응하지 못하기 때문이다. 조직이 오래 되고 커지면 커질수록 내부적으로 벽이 생겨 커뮤니케이션이 원활하지 못해 외부 변화에 대응하는 속도가 떨어지고 조직 내부의 지나친 자긍심으로 인한 자만심이 팽배해지면서 조직이 노화되기 때문이다. 우리 주변의 많은 기업들이 외환위기를 넘기기 못하고 사라진 것도 세계의 변화의 물결을 인식하지 못하고 수동적으로 대처한 데서 그 원인을 찾을 수 있다.

이는 마치 사람이 살아가는 데 자연에 순응하면서도 자신의 건강 상태를 늘 점검하고 약한 부분을 강화해나가는 노력을 지속적으로 하는 사람이 더 건강하게 살아가는 것과 같은 이치라고 할 수 있다.

히딩크 경영학과 동양의 경영학

월드컵 이후 히딩크 감독에 대한 긍정적인 평가가 세간의 이목을 집중시켰다. 히딩크 감독을 영입할 당시와 수개월이 지난 후 그리고 지금까지의 그에 대한 세간의 평가는 상당한 거리가 있다. 아마도 결과가 좋았기 때문인 것으로 판단된다.

오죽하면 히딩크 경영학이라는 용어까지 유행했겠는가!

히딩크가 영입된 후 수개월밖에 지나지 않았는데도 많은 사람들은 조급하게 결과를 기대하고 있었던 것을 우리 모두 기억할 것이다. 그때 나는 사석에서 서양인들의 사고방식이나 행동양식으로 볼 때 절대로 우리의 기대처럼 짧은 기간 내에 결과를 가져오지는 못할 것이라고 단언한 적이 있다. 그 생각은 지금도 마찬가지이다. 왜냐하면 필자가 외국에서 오랫동안 생활하고 전세계에 출장을 다니면서 상대한 서양인들의 사고는 우리의 급한 성격에서 오는 냄비근성(?)과는 거리가 있음을 알기 때문이다.

참고환율제

각국 통화의 환율 수준을 일정 범위에 묶어 외환 변동으로 이 범위를 넘어설 우려가 있다고 판단될 때 통화당국들이 시장에 협조, 개입해 정해진 범위를 유지하도록 하는 제도이다.

그들의 강점은 차분하게 안정된 바탕 위에서 천천히 그리고 꾸준히 벽돌을 쌓아올린다는 것이다. 우리가 급하게 몰아치는 것과는 아주 대조적이라고 할 수 있다. 그렇게 한번 쌓아올린 것은 아주 견고하기 때문에 쉽게 무너지지 않는다.

히딩크 감독의 선수 조련과 관리 방법도 이러한 서양인들의 사고와 행동 양식에 근거하고 있다고 생각한다. 그들이 의사결정을 할 때 여러 사람의 의견을 경청하고 상대에 대한 연구를 충분히 한 후에 하는 것도 우리와는 사뭇 다른 면이다. 우리는 상의하달이 조직의 의사결정에 상당 부분을 차지하고 있다.

경영을 할 때도 마찬가지이다. 서양식 경영은 매우 합리적이면서도 논리적 근거에 가치를 두고 의사결정을 하는 반면에 우리는 정과 학연 그리고 지연 등에 매달려 하는 경우를 너무나 흔하게 접할 수 있다.

동양과 서양식 경영 방법에는 분명한 장단점이 있다. 따라서 우리는 월드컵 경기를 보면서 서양식 경영방식의 장점을 잘 소화 흡수하고 우리의 장점에 접목하려는 노력이 우리의 글로벌 경쟁력을 제고하는 데 매우 중요하다는 것을 느꼈을 것이다.

우리 경영의 장점은 역시 인본주의에 입각한 훈훈한 정에 의한 관리와 인간관계를 중요시하는 점이라고 할 수 있다. 이러한 장점은 서양의 경영에서는 찾아보기가 힘들다.

동서양 경영방식 중 어느 것이 더 좋은 방법인지에 대해서

채권 풀
(bond pool)

특정 스폰서가 여러 시나 비과세 기관의 채권 발행을 일괄하여 대신 해줌으로써 인수 비용이나 소규모 발행에 따른 내재적 이자 비용을 절감시켜주는 것을 말한다.

아무도 확언할 수 없을 것이다. 다만 분명한 것은 히딩크식 경영은 지금까지 동양식 경영이 지닌 단점을 과감하게 보완한 데 큰 성과가 있었다는 점이다.

한상(韓商)대회를 보면서

韓商대회는 세계에 흩어져 있는 한국상인들의 모임을 말한다.

이민의 역사가 100년을 맞고 있는 때에 전세계에서 활동하고 있는 한국인 비즈니스맨들을 한 곳에 모이게 한 것만으로도 큰 의의가 있다고 할 수 있다.

세계에서 가장 네트워크를 잘 하고 있는 민족은 중국인과 유태인들이다. 유태인들은 전세계에 흩어져 있으면서도 늘 한 덩어리가 되어 힘을 발휘하는 모습을 우리는 늘 보아왔다. 특히 미국에서 유태인들의 위치는 참으로 부러울 정도이다. 정치, 경제계에서 유태인들이 보여주고 있는 막강한 힘은 세계 정계와 경제계에 많은 영향을 미치고 있다.

중국의 상인을 우리는 華商(화상)이라고 부르고 있는데 해외에서 그들의 네트워크 또한 대단한 수준에 이르고 있다. 세계에 흩어져 있는 약 7천만 명의 화교들을 하나의 네트워크로 엮고 있는 것이다.

채무보증제한

정부가 경제력 집중을 억제하기 위해 30대 대기업 집단 소속 회사가 자기 계열회사에 대해 채무 보증을 설 때 자기 자본의 200% 이내에서 하도록 제한한 조치이다.

특히 동남아에 있는 화상들은 동남아 주요 국가의 70%에 달하는 경제권을 손에 쥐고 있다는 통계가 있어 그들의 힘이 얼마나 강한지를 실감케 한다.

우리의 해외동포가 600만 정도라고 하지만 이민이 시작된 지 100년이 되는 동안 한번도 제대로 된 모임을 가져 이 커다란 힘을 모으려는 시도가 없었다는 것이 아쉽기만 했다.

이번에 1차 세계한상대회를 나름대로 성공적으로 마칠 수 있었던 것은 참으로 기쁜 일이 아닐 수 없다. 세계시장을 25년 이상 뛰어다닌 필자로서도 늘 한국인들의 건전한 네트워킹이 한국 발전에 큰 힘이 될 텐데, 하면서 아쉬워한 기억이 많았기 때문이다.

지금까지 해외에 있는 교포들이 조국을 보는 시각도 곱지 않았지만 국내에 있는 국민들이 해외동포를 보는 시각도 그리 곱지만은 않았던 것이 사실이다. 중요한 것은 첫 단추를 잘 맞추는 것인데 이번에 낀 첫 단추는 나름대로 잘 되었다고 판단이 된다. 중요한 것은 앞으로 얼마나 효율적이며 건설적인 네트워킹으로 발전시켜가느냐이다.

우리는 인생에서 휴먼 네트워킹처럼 중요한 것이 없다는 것을 잘 안다. 한민족 네트워킹을 통해서 21세기의 주인공이 될 계기가 마련되었다는 긍정적 생각을 가지고 하나가 되도록 노력해야만 할 것이다.

최저가격보상제

미국에서 가격 할인 경쟁이 벌어지면서 최대의 할인점인 월마트가 도입한 제도로 특정지역에서 자신이 판 상품의 가격이 경쟁업체보다 비싸면 그 차액만큼을 보상해준다.

그런데 대회 명칭이 중국인들의 화상을 본뜬 것 같아 마음에 들지 않는다. 그래서 다음 대회부터는 우리 고유의 언어를 사용하여 개칭하면 좋겠다는 것이 필자의 소견이다.

한국 재벌기업에 대한 단상

한국의 재벌기업에 대한 개혁문제가 요즈음 들어 더욱 거세
지고 있다. 재벌이 우리나라에만 있는 것으로 오해하는 사람이
많은 것 같은데 재벌은 원래 산업혁명 이후에 영국을 비롯한 다
른 선진국에서도 이미 존재하던 대기업집단을 말한다.

자유경제 체제하에서 경쟁력 있는 기업이 기업의 규모를 늘
려나가고 다른 사업으로 진출하게 되는 것은 극히 당연한 일이
다. 미국도 1929년 대공황 이전에 록펠러, 카네기 등과 같은 가
문들이 거대한 그룹을 이루어 경제계를 휘어잡던 때가 있었으
며 일본도 마찬가지였다. 그러나 그들의 기업역사가 오래되고
산업사회가 선진화되면서 부의 세속이 어렵게 되는 과정을 거
치면서 가족으로 승계가 이루어지는 것을 막아 부의 집중이 줄
어든 것이다.

우리나라에서 재벌이 경제발전에 기여한 것을 많은 사람들
이 인정하면서도 재벌에 대한 시각이 부정적인 이유는 부의 지

나친 집중과 가족 중심의 경영 때문이다. 합법적으로 상속과 증여를 했다고 하지만 법의 허점이 많아 적은 금액으로 큰 상속과 증여가 되고 있는 것이 현실이기 때문에 재벌 2세나 3세에 대한 사회적인 시각이 곱지 않고 존경을 받지 못하는 경우가 많다.

하지만 한국 경제발전에 재벌이 기여한 부분에 대해서는 분명 인정해야 한다. 한국 경제발전은 기본적으로 자원이 없는 나라이기 때문에 수출 지향적으로 이루어져왔는데, 이는 수출 일선에서 한국 경제를 오늘날과 같이 끌고온 재벌들의 노력과 기여도가 없었다면 사실상 어려웠을 것이다.

필자도 재벌기업에서 과거 22년간 임직원 생활을 해보면서 느꼈지만, 한국 재벌이 가지고 있는 최고의 강점은 인재들이라고 할 수 있다. 그동안 사람에 대한 투자를 가장 많이 해왔기 때문에 글로벌 경쟁력을 가지고 있다고 확신한다. 또한 그들은 세계화 시대의 주역이 되기 위한 조직의 경쟁력도 가지고 있다. 하지만 가족 중심의 경영체제와 가족의 전횡(일부이기는 하지만)에 문제가 있음은 분명하다. 사실 가족들이 가지고 있는 주식도 전체 주식에서 차지하는 비율이 생각보다 높지 않기 때문에 외부 사람들과 내부 직원들에게 존경을 받지 못하고 비난을 받게 되는 경우를 많이 보게 된다.

재벌기업에 대한 냉정한 판단을 위해서 늘 양면을 보아야만 지난 날의 공과를 정확하게 볼 수 있다. 한국 경제발전에 견인

차 역할을 해온 재벌에 대한 일방적인 공격이나 비난보다는 개
선되어야 할 점을 합리적으로 보완해가는 것이 필요하다. 재벌
은 개혁의 대상이 아니라 한국 경제의 더 큰 발전을 위해서 개
선과 보완의 묘를 발휘해야 할 대상인 것이다.

새로운 정부에서도 재벌에 대한 시각을 부정적인 면만 집중
적으로 부각시켜 국민들이 편향적인 판단을 하게 해서는 안될
것이다. 한국 경제의 미래는 기업에게 있으며 한국 기업에서 차
지하는 재벌의 위치가 중요하다는 것을 인정하되 재벌의 문제
점을 개선하여 한국의 글로벌 경쟁력을 함께 제고하는 노력을
해야 정부의 역할도 제대로 수행했다는 평가를 받게 될 것이다.

음주가무식 접대문화

우리나라 기업의 영업활동에서 가장 중요하게 여겨지고 있는 것이 접대이다. 접대를 비즈니스의 윤활유로 삼고 있는 선진국과는 현격한 차이가 난다. 이 때문에 기업은 한번에 수백만 원씩 드는 룸싸롱, 골프 접대에 매달리고 있으며, 때마다 수십만 원 이상 하는 뇌물성 선물을 '상납'하고 있는 것이 현실이다. 우리나라에서 쓰이고 있는 접대비 총액이 10조 원대에 이르고 있다고 하니 엄청난 금액이 아닐 수 없다.

기업이 과다한 접대비를 조달하려면 세법상에 허용되어 있는 접대비로는 불가능하기 때문에 소위 '비자금'을 조성해야만 된다. 이와 같은 비자금을 조성하기 위해서 기업들은 물품가격을 실제보다 높게 하는 매입비 과다계상, 구입하지 않았는데도 구입한 것처럼 꾸미는 가공매입, 고용하지 않은 사람을 쓰고 있는 것처럼 속이는 인건비 과다계상 등의 투명하지 못한 방법을 동원한다.

이처럼 부정적인 방법으로 비자금을 조성하여 밀실에서 이루어지고 있는 접대관행은 결국 기업 경쟁력의 발목을 잡게 되는 것이 문제이다.

선진국은 상대에 따라 생산적 '맞춤 이벤트'로 접대를 하는 것이 상례이다. 이런 선진국의 접대문화와 비교해보면 우리가 무엇을 고쳐야 하는지 알 수 있을 것이다.

접대가 거래관계를 부드럽게 하는 데 매우 중요한 것이 사실이다. 따라서 상대의 취미나 생활패턴에 맞게 접대하는 방법이 잘 활용되어야 하는 것이다. 상대방에게 뇌물성에 가까운 접대를 하고 거래를 유지하게 되면 결국 양측 모두에게 해가 된다는 것을 인식해야 한다.

선진국의 예를 들면 등산, 낚시, 스키 등의 레포츠와 저녁시간에 부부를 초청하여 시간을 함께하는 정도가 가장 평이한 접대이며 음악회나 연극, 스포츠 게임에 초청하는 등과 같이 건전한 분위기에서 행해지고 있다.

기업의 투명성이 높아져야 경쟁력이 제고되어 기업에 더 큰 이익을 가져다줄 수 있기 때문에 기업들은 투명하지 못한 비용을 줄여나가야 한다. 접대를 받는 사람이나 하는 사람 모두 결국 '소경 제 닭 잡아먹기'라는 사실을 인식하여 접대문화를 바꾸는 데 동참하기를 촉구한다.

과거보다는 요즈음 젊은 세대들의 접대가 건전하게 변하고

**코리아 디스카운트
(Korea discount)**

기업 내용이 같더라도 우리나라 기업의 주가가 외국 기업의 주가에 비해 낮게 형성되어 외국투자자에게 '코리아 디스카운트'라는 신조어를 만들어내게 했다. 코리아 디스카운트로 인해 우리나라 기업의 주가는 미국 기업의 주가에 비해 60~70% 정도로 낮게 형성된다고 한다.

있다는 이야기를 들으면서 우리나라의 장래에 희망을 갖게 된다. 기성세대들의 무절제한 뇌물성 접대는 반드시 바뀌어야 할 나쁜 관행이며 우리 기업의 경쟁력 제고를 위하여 없어져야 할 악습인 것이다.

관계마케팅이란?

고객과의 관계를 어떻게 유지해야 할 것인가는 마케팅활동에서 아주 중요하다. 일반적으로는 기존 고객 유지보다 새로운 고객의 창출이 더욱 중요할 것으로 인식되고 있으나 관계마케팅(relationship marketing)의 개념하에서는 기존 고객 유지를 더욱 중요한 것으로 인식하고 있다.

지금까지 우리 기업들은 대부분 기존 고객은 당연한 것으로 생각하고 새로운 고객을 찾아 나서는 데 많은 노력을 들여왔다. 과거에는 경쟁자들이 많지 않았으며 경쟁자가 있더라도 그들의 품질과 서비스가 자사에 비하여 나은 것이 없었으며 또한 시장이 계속 커지고 있었기 때문에 기업은 기존의 고객을 만족시키기 위하여 크게 노력할 필요가 없었다. 즉, 기업들은 10명의 고객을 잃더라도 10명의 새로운 고객을 쉽게 얻을 수 있었던 것이다.

그러나 지금과 같이 경쟁이 극심해지고 있는 상황에서 새로

코리아 펀드
(Korea fund)

한국증권시장에서 투자활동을 할 수 있는 외국인들의 수익증권이다. 미국에서 자금을 모아 설립한 기금으로서 한국 상장기업 주식을 매매, 차익과 배당소득을 취득해 투자자에게 분배해주는 제도이다.

운 고객 10명을 얻는 데 들어가는 시간이나 비용이 거존 고객 10명을 유지하는 것보다 많이 들기 때문에 기존 고객의 유지가 새로운 고객 창출보다 더욱 경제적이라는 것을 많은 사람들이 느끼고 있다. 최근 자료에 의하면 새로운 고객을 창출하여 만족시키는 데 들어가는 비용이 기존 고객을 만족시키는 것보다 5배 정도 더 들어가는 것으로 나타난 것을 보면 기존 고객에 대한 만족 경영이 얼마나 경제적이고 중요한지 알 수 있다.

전통적인 마케팅이론과 실무는 기존의 고객을 만족시키는 것보다 새로운 고객을 개척하는 데 집중해왔기 때문에 판매 후의 활동보다는 판매 이전의 활동과 판매활동에만 집중해왔으나 최근 많은 기업들은 기존 고객을 유지하는 것이 얼마나 중요한지를 깨닫고 있다. 한 조사보고서에 의하면 고객 이탈을 5%만 줄이면 기업이익은 25%에서 85%까지 개선시킬 수가 있다고 한다. 이러한 이유 때문에 관계마케팅이 중요한 것으로 부각되고 있다.

관계마케팅이란 고객과의 관계를 장기적으로 잘 유지하면 고객의 평생가치를 이용할 수 있고 그 결과 매출과 이익은 저절로 발생한다는 새로운 마케팅 개념이다. 이와 같은 관계마케팅의 핵심은 고객과의 관계를 잘 만들어놓음으로써 계속적으로 고객을 유지 확대할 수 있다는 것이다. 한마디로 '한번 고객이면 평생고객이 되게끔 하라' 는 것이다.

관계마케팅은 구매자와 판매자의 관계를 돈독히 하여 구매자가 다른 거래선으로 옮기는 것을 어렵게 만드는 것을 의미한다. 일반적으로 고객과의 관계 수준을 다음 세 가지로 나누어볼 수 있다.

첫째는 기본적 관계로서 자동차 영업사원이 고객에게 단순히 차만 파는 것처럼 영업사원이 제품만을 팔고 판매 이후에 고객에게 다시는 접촉하지 않는 경우이다. 둘째는 반응적 관계로서 영업사원이 제품을 팔고 고객이 제품에 대한 질문이나 불만이 있으면 전화를 걸도록 요청하는 수준이다. 셋째는 동반자적 관계로서 고객의 문제를 해결하기 위하여 또는 고객의 비용을 절감하기 위한 방법을 찾기 위하여 고객과 계속적으로 공동으로 노력하는 것을 말한다.

이러한 세 가지 유형 중 세 번째에 해당하는 것을 관계마케팅이라고 할 수 있다. 관계마케팅의 시발점은 고객과의 관계이며 고객과의 관계를 긴밀하게 유지하기 위한 방법에는 다음 세 가지가 있다.

첫째는 고객과의 관계에 긍정적인 혜택을 추가하는 방법으로서 항공사의 경우 일정 거리 이상의 실적이 있으면 무료 항공권을 준다든지 하는 방법이다.

둘째는 제품이나 서비스를 단품이 아닌 패키지로 판매함으로써 고객이 원하는 서비스를 원스톱 서비스로 받게 하여 고객과의 관계를 보다 긴밀하게 할 수 있다.

셋째는 금전적인 혜택뿐만 아니라 사회적인 혜택을 추가하는 방법으로서 판매원들이 고객의 다양한 욕구를 알아내어 각 고객별로 이를 민족시켜줌으로써 고객과 사회적 유대관계를 깊게 만들어 고객이 떠나기 어렵게 하는 방법이다.

이상과 같은 관계마케팅은 미국 듀크 대학의 마사 로저스 교수가 제창한 것으로 성숙기에 들어가는 시장과 경쟁도가 매우 높은 시장일수록 유효하게 적용될 수 있는 개념이다. 일반적인 경영자의 경우에도 이 개념에 대한 이해와 적용이 기업경영에 상당한 도움을 주리라고 생각한다.

외국어, 이렇게 쓰자

오래 간만에 중국을 다녀왔다. 1988년 처음으로 중국 땅을 밟은 이후 수십 회 이상 중국을 다녀왔지만 갈 때마다 빠르게 변하는 중국을 보면서 느끼는 감회는 새롭기만 하다.

한국이 1970년대 고도성장을 하던 때와 같은 상황이 그 넓은 대륙 곳곳에서 동시 다발적으로 이루어지고 있는 것이 신기할 정도이다. 중국은 대한민국 국토의 100배가 넘기 때문이다.

공식인구 13억을 가진 거대한 국가, 중국. 이 거대한 국가가 세계시장에서 미국과 한 판 승부를 펼쳐나가고 있는 것이다. 우리가 늘 관심을 두어야 할 것은 중국의 등극 속에서 우리가 정치·경제적으로 어떻게 대처하고 준비해야 우리의 미래를 위하여 좋은가이다.

중국과 동남아를 여행할 때마다 우리나라에서 한문 공부를 폐지했던 과거의 정책이 얼마나 자기 중심적이고 단기적 안목에 기인한 것인지를 느끼게 된다. 요즈음 다시 학교에서 한문

크레비즈(crebiz)

크리에이티브 비즈니스(creative business)의 줄임말로 '창조사업'을 뜻한다. 정보, 지식, 바이오 등 새로운 경제자원과 기존의 사업지식, 전문기술을 융합해 창의적인 아이디어와 발상의 전환으로 새로운 사업을 창출하는 신종 고부가가치 사업이다.

공부를 한다고 하니 참으로 다행스러운 일이다. 한문을 알고 있는 사람이 중국어를 습득하는 것은 상당히 쉽기 때문이다.

21세기 세계화 시대를 살면서 영어가 중요한 경쟁력의 요소인 것처럼 중국어를 아는 사람이 많다는 것은 그만큼 그 국가의 경쟁력이 높아질 가능성이 크다는 것을 의미한다.

필자는 외국어를 국내에서 쓸 때 그 국가에서 사용하고 있는 원어를 그대로 익히는 것이 현지를 여행하거나 사업을 할 때도 유용하다는 생각을 오래 전부터 해왔다. 다행히 주요 신문의 칼럼을 통해 주장하여 많이 개선되긴 했으나 더 고쳐야 할 점이 있는 것 같아 몇 가지 예를 들어 설명코자 한다.

北京은 중국의 수도이다. 이 글자는 중국 표준어로 '베이징'이라고 읽는데 우리는 '북경'이라고 말한다. 上海도 현지에서는 '상하이'라고 쓰는데 우리는 '상해'라고 말한다. 鄧小平도 현지에서는 '덩샤오핑'이라고 읽는데 우리는 '등소평'이라고 읽고 있다. 이런 식이면 우리가 배운 발음대로 현지에서 발음을 하면 통하지 않게 되는 것이다.

일본어의 경우도 東京을 현지에서는 '도쿄'라고 하는데 우리는 '동경'이라고 한다. 이런 현상은 현지 적응력을 높이는 데 큰 장벽이 된다. 우리가 외국어를 배우는 것은 현지 적응력을 제고하기 위한 것이라고 할 수 있기 때문에 우리가 한자의 현지어로 발음을 하는 것이 우리를 위해서도 좋은 일이다.

내부 고객을 만족시키는 경영을 하라

기업이 외부 고객을 만족시키기 위해서 먼저 내부 고객을 만족시키는 것이 매우 중요하다. 즉, 고객의 만족을 위해 제품의 질, 가격 등의 요소에 신경을 써서 외부 고객을 만족시키는 것도 중요하지만 외부 고객과 직접 접촉하여 상품을 판매하는 영업사원이나 상품을 만드는 현장의 종업원을 만족시켜 이들이 고객과 갖는 상호관계의 질을 높이는 것도 중요하다는 뜻이다. 왜냐하면 만족하지 않는 종업원이 고객에게 만족스런 서비스를 제공하여 고객과 좋은 관계를 만들 수 없기 때문이다.

특히 현대 산업 중 가장 큰 몫을 차지하고 있는 서비스 산업의 경우 서비스 상품이 가지는 본질적인 속성, 즉 생산과 소비를 분리할 수 없다는 특성 때문에 서비스를 생산하여 직접 제공하는 종업원과 이를 받아 소비하는 고객 사이에 직접적인 접촉이 많으므로 내부 고객에 해당하는 종업원들의 만족도를 높이는 일이 무척 중요하다. 이처럼 외부 고객 만족에 중요한 영향

키오스크(kiosk)

정부기관이나 공공시설, 대형서점, 백화점, 전시장, 공항 같은 곳에 설치되어 각종 행정절차나 상품정보, 시설물 이용방법, 관광정보 등을 제공하는 무인정보단말기를 말한다.

을 미치는 종업원과 외부 고객과의 관계의 질을 높이려면 종업원을 내부 고객으로 인식하고 이들을 만족시켜야 한다.

따라서 이와 같은 목적을 달성하기 위하여 회사와 경영자는 종업원들에게 고객 만족을 위한 효과적인 동기부여를 제공하고 모든 지원 서비스를 제공하는 사람들이 하나의 팀으로 일하게 해야 한다. 진정한 고객 만족을 이끌어내기 위해서 외부 마케팅에 앞서 내부 마케팅이 이루어져야 한다는 것이다.

이와 같은 내부 마케팅을 강조하여 성공한 사례로 세계적인 호텔 체인인 매리어트(Marriot)를 들 수 있다. 이 호텔 체인의 회장 빌 매리어트는 직원을 뽑을 때 다음과 같은 질문을 한다고 한다. "우리 호텔은 만족시켜야 할 세 집단, 즉 고객, 주주, 종업원이 있다. 이 중에 누구를 제일 먼저 만족시켜야 하는가?" 대부분의 사람들은 고객이라고 답하는 것이 상식이다.

하지만 매리어트 회장의 논리는 전혀 다르다. 그에 의하면 첫 번째로 만족시켜야 할 집단은 종업원이다. 그 이유는 종업원들이 자신들의 일을 사랑하고 호텔에 자부심을 느끼면 호텔을 찾는 고객들에게 좋은 서비스를 제공하게 된다. 좋은 서비스를 받아 만족한 고객은 다시 이 호텔을 찾게 될 것이며 만족한 고객을 맞이하는 종업원들은 더욱 일에 대한 만족감을 느껴 더 좋은 서비스를 제공할 것이다. 그 결과 더 많은 고객이 호텔을 다시 찾게 되어 호텔의 이익을 증대시킬 것이기 때문이다.

반대로 외부 마케팅에는 많은 정성과 비용을 들이고 내부 마케팅을 소홀히 하여 효과를 극대화하지 못한 대학도 있다. 모 사립대학의 경우 수년 전부터 많은 비용과 시간을 들여 외국의 유수한 대학에서 공부하고 돌아온 능력 있는 교수들을 확보하여 학생들로부터 선호도를 많이 높여 학교의 질적 수준을 크게 향상시킬 수 있는 기회를 마련하였다. 그런데 내부 고객군인 교수들과 교직원들의 복리 후생이나 연구지원을 소홀히 하는 바람에 내부적으로 불만의 목소리가 높아지고 사기가 저하되었다. 그 결과 학생들에 대한 서비스의 질이 떨어져 학교에 대한 전체적인 평가는 투자한 만큼 좋아지지 않았다.

위에서 제시한 사례와 유사한 경우를 우리는 주변에서 쉽게 볼 수 있다. 중요한 것은 우리가 운영하고 있는 기업이 어떤 경우에 해당하는지를 살펴보고 타산지석으로 삼는 것이다. 대부분 물은 밖에서 새기보다 의외로 안에서 새는 경우가 많으며 이러한 누수 현상이 결국 경영에 막대한 손해를 끼친다는 것을 마음에 새겨둘 필요가 있다.

그래서 옛 병서에서 이르기를 "내부가 단단하게 결속되어 있지 않으면 전투에 나가지 말라"고 했나보다. 경영도 마찬가지라는 생각이 든다. 우리 기업의 내부 고객관리는 잘 되고 있는지 살펴보는 일이 만사의 기본이 되어야 할 것 같다.

**타깃 존
(target zone)**

유럽통화제도(EMS)를 본 딴 세계규모의 환시세의 목표권을 말한다. 환시세의 변동 폭을 일정하게 억제시켜 통화안정을 도모하는 것이 목적으로 프랑스의 미테랑 전 대통령이 통화제도 개혁의 일환으로 제안했다.

기업이 일반인들에게 존경받는 것이 어려운 이유는 기업에 대한 일반인들의 인식이 좋지 않기 때문이다. 많은 사람들은 기업에 대한 긍정적인 측면보다는 부정적인 측면을 더 많이 인식하고 있다.

기업은 늘 이익을 추구하기 때문에 소비자들로부터 이익을 가급적 많이 가지려는 집단으로 인식된다. 판매자 중심인 시장 상황하에서는 그러한 기업들이 많았던 것이 사실이다. 그러나 시장 상황의 변화에 따라 판매자 중심 시장은 구매자 중심 시장으로 변하기 시작했고, 구매자 중심 시장의 특성상 치열한 경쟁을 하는 과정에서 기업들의 이익은 상대적으로 적어지면서 소비자들의 선택 폭은 넓어지기 시작하였다. 이러한 경영환경의 변화에 따라 기업 경영은 고객을 만족시키는 쪽으로 더욱 집중하게 된 것이다.

이러한 변화에 맞추어 기업들은 보다 투명한 경영과 고객 중

**턴어라운드 방식
(turn around
system)**

피인수자와의 우호적인 합의 아래 증권사 등 금융기관이나 M&A 전문 중개회사가 부실기업을 인수한 뒤 경영을 정상화시켜 제3자에게 되파는 M&A의 한 형태이다.

심적 사고를 하는 경영으로 전환하기 시작하여 과거보다는 많은 기업들이 일반인들의 사랑을 받게 된 것이다. 물론 상황이 변하기 전부터 늘 소비자를 생각하고 사회에 부를 환원하는 기업가들도 있었지만 상황의 변화가 기업가들의 사고를 변화시키는 데 일조를 한 것도 사실이다.

세계에서 가장 존경받는 기업은 어디일까?

영국의 경제전문지 「파이낸셜 타임스」가 선정한 '세계에서 가장 존경받는 기업 50개와 기업 지도자 50명'이 매년 발표되는데 최근 발표된 자료에 따르면, 미국의 GE가 세계에서 가장 존경받는 기업으로 2001년에 이어서 2002년에도 선정되었으며 2위는 마이크로소프트(MS) 3위는 IBM이 선정되었다. 「파이낸셜 타임스」는 2003년 1월 19일 "세계 최대 회계법인인 프라이스 워터 하우스 쿠퍼와 공동으로 전세계 20개국 최고경영자 및 재계지도자 1천 명을 대상으로 인터뷰 조사를 실시한 결과, 미국의 GE 등 50개 기업과 빌 게이츠 MS사 회장 등 50인이 존경받는 기업과 기업인으로 선정되었다"고 보도했다.

한국 기업과 기업인이 50위 권에 들어간 것은 이번이 처음인데 그 회사가 바로 삼성전자이며 이건희 회장이다. 특히 전기, 전자 부문만을 따로 뽑은 기업 순위에서는 삼성전자가 필립스, 노키아, 모토로라 등을 제치고 미국의 GE와 독일의 지멘스에 이어 3위에 올랐다.

한국 기업이 이러한 순위에 오르게 된 것은 그동안 한국 기업들의 꾸준한 노력에 따른 당연한 결과라고 생각한다. 한국에서 기업에 대한 인식이 다른 선진국에 비해서 월등히 낮은 이유는 우리 기업의 역사가 선진국 기업에 비해 짧다는 것에서 찾을 수 있을 것이다. 짧은 기업 역사에 비해서 한국의 기업들은 참으로 많은 발전을 한 것이 사실이다. 그러나 발전하는 과정에서 무리한 경영을 해왔고 국가의 정책에 함께하는 기업은 단기간 내에 외형적 성장을 했으나 진정한 의미에서 국민들로부터 사랑받고 신뢰받는 기업으로 발전하지 못했던 것이다.

이런 와중에 「파이낸셜 타임스」가 선정한 존경받는 50대 기업 중에 삼성전자가 42위로 선정이 되고 이회장이 존경받는 기업인 중에서 32위에 선정되었다는 것은 참으로 자랑스러운 일이라고 할 수 있다.

그러나 가장 존경받는 기업 10위 안에 들어가 있는 기업 중에서 8개가 미국 기업이고 2개가 일본 기업인 것만 보아도 미국과 일본이 우리보다 상당히 앞서가고 있다는 것을 알 수 있다.

우리나라의 많은 기업이 투명성을 높이고 고객 지향적인 경영을 통해서 세계에서 존경받는 기업의 대열에 많이 들게 되는 날이 한국이 선진국으로 진입하는 날이 될 것이다.

경제를 읽으면 비지니스가 즐겁다

1판 1쇄 찍음 / 2004년 12월 30일
1판 2쇄 펴냄 / 2008년 4월 7일

지은이 / 이영권
펴낸이 / 배동선
마케팅부 / 최진균 차장, 서설 대리
총무부 / 양상은 대리
펴낸곳 / 아름다운사회

출판등록일자 / 2008년 1월 15일
등록번호 / 제2008-1738호

주소 / 경기도 하남시 감북동 125번지 ⑦465-818
대표전화 / (02)479-0033
팩스 / (02)479-0538
E-mail / assapub@naver.com

ISBN 89-5793-080-9 03320

* 잘못된 책은 교환해 드립니다.

9,000원

참신한 원고를 찾고 있습니다!

　도서출판 아름다운사회는 네트워크 마케팅 전문 출판사로서 네트워크 마케팅에 대한 이해와 사업 성공을 도울 수 있는 도서를 출간하고 있습니다. 기존 방식의 네트워크 마케팅 출판방식에 머무르지 않고 디지털 정보화 시대의 새로운 요구와 환경에 맞도록 변화하기 위해서 저희는 많은 노력과 투자를 하고 있습니다.

　저희 아름다운사회는 사업의 현장에서 성공의 원리를 터득하고 꿈의 비즈니스를 향해 뛰고 있는 사람들을 위해 실질적으로 도움을 줄 수 있는 원고를 모집하고 있습니다. 자신의 꿈을 펼치기 위해 사업의 기회를 찾거나 사업을 진행중인 사람들을 위한 자기성공과 동기부여, 인간관계, 리더십 등 참신한 원고를 기획중이거나 집필 계획을 가지고 있는 분들은 많은 응모 부탁드립니다.

　새로운 세계와 더 나은 미래를 열어가기 위한 기회에 함께하려는 분들의 많은 참여 기대하겠습니다.

주소: 경기도 하남시 감북동 125번지 우465-188
TEL: (02)479-0023　　FAX: (02)479-0538
이메일: assapub@naver.com

새로운 세계와 더 나은 미래를 열어가는
아름다운사회가 되겠습니다!